Marianne E. Meyer

Zugvögel
auf Rädern

von Michelstadt
nach Marrakech

Die in diesem Buch vorgestellten Informationen wurden sorgfältig recherchiert und nach bestem Wissen und Gewissen weitergegeben. Dennoch übernehmen Autorin und Verlag keinerlei Haftung für Schäden irgendeiner Art, die direkt oder indirekt aus der Anwendung oder Verwendung der Angaben in diesem Werk entstehen. Die Informationen sind für Interessierte und zum Weitersagen gedacht.

Umschlaggestaltung,
Satz & Layout: M. Meyer

Bildnachweis
Titelbild: Reinhard Lüth
Rückseite: Die Marokko Globetrotter
Fotos im Innenteil: F. Nos S.2

Einige weitere Bücher von M. E. Meyer:

Spirulina, das blaugrüne Wunder
Wunderwesen Wasser: Clusterwasser
stoppt Allergie, Alzheimer, Krebs...
Cranberry Power Frucht
Psyllium - So bekommen Sie Ihr Fett weg
So verbindet Wasser unsere Welten
Doris Day and My Search for Relatives
Spirulina, Überlebensnahrung für ein
neues Zeitalter

Marianne Meyer, Apardado 320
P-8801 Tavira

M. Meyer hat bereits 4 Kontinente bereist. Ihr geht es stets mehr um das Verstehen von Land und Leuten als um das Sammeln von Sehenswürdigkeiten.

Beruflich hat die Autorin viele Lebensstationen mit dem Fokus Lebenshilfe und Heilen angelaufen. Einst Arzthelferin, studierte sie später mit den Schwerpunkten Familientherapie und Gerontologie in Frankfurt. Es folgt ein Studium der Ernährungswissenschaft in USA. Die Dissertationsstudie über Immunabwehr und Spirulina veröffentlichte Dr. Meyer in ihrem Bestseller Spirulina, das blaugrüne Wunder. Sie lebte 10 Jahre in den USA, dazwischen in Südhessen. Gegenwärtig schreibt und arbeitet sie zeitweise mit schwer erziehbaren Jugendlichen in Portugal. Pioniergeist und eine große Hingabe an das Wohl der Menschen beflügeln sie.

Herstellung und Verlag:BoD - Books on Demand, Norderstedt
ISBN 978-3-7357-5993-1

Vorwort

Liebe Verwandte, Freunde und Interessierte, mit diesem Reisebericht möchte ich Euch zeigen, wie Peter und ich den Winter zu überlisten pflegen. Auch will ich dem familiären Geheimnis auf den Grund gehen, das mich schon zum Schreiben zweier Bücher veranlasste, stets in der Hoffnung, eines der Bücher würde in die richtigen Hände fallen. Findet Ihr es nicht auch mega merkwürdig, dass in Carmel nicht nur die prominente Verwandte meiner Mutter lebt, sondern sich auch der Großvater meines Vaters daselbst niedergelassen haben soll? Berühmt oder unbekannt, ist mir egal. Allerdings liebäugele ich mit dem Gedanken, Henry Miller könnte mit meinem Vorfahren verwandt sein, da sein Vater ein Schneider aus Bayern war und seine Mutter in Hessen aufwuchs. Michelstadt ist ja in Schusters Rappen Distanz vom Dreiländereck Baden-Württemberg, Bayern und Hessen entfernt. Und Großmutter Marias veröffentlichten Gedichte sowie meines Vaters schriftstellerischen Ambitionen sprächen dafür. Auch lebte Henry Miller zehn Jahre lang in der Nähe von Carmel. Und, obwohl längst in höheren Gefilden lustwandelnd, macht er ständig auf sich aufmerksam. Meine Freundin Celeste war ein halbes Jahr lang seine Gesellschafterin, und sie verriet mir einige Geheimnisse. Irgendwo las ich, Schützen könnten keine für sich behalten. Ich schon! Schade für euch. Wie Henry sich in *Big Sur und die Orangen des Hieronymus Bosch* darstellte, erinnerte mich stark an meinen Bruder Heinrich, der ebenfalls an einem 26. Dezember geboren wurde. Konnten so viele Übereinstimmungen Zufall sein? Von meinem Urgroßvater, der sich mir in unserer ersten kalifornischen Bleibe als Geist zeigte, weiß ich nur so viel: Der wohl neuapostolische Hanauer wanderte, nachdem er an Weihnachten 1901 das Kind der Liebe gezeugt hatte, nach Amerika aus. Ein Ehrenretter aus der Neuapostolischen Gemeinde heiratete Wilhelmina Meckes in aller Hast, und am 5. Oktober 1902 erblickte Maria als *7Monatskind* das Licht der Welt.

Viele, denen ich mein Geist-Erlebnis berichtete, glauben an einen Traum. Gleichwie hat sich mein hagerer Urgroßvater mit buschigen Brauen und Koteletten in einem hellblauem Hemd mit hochgekrempelten Ärmeln und dunkelgrauer Hose sichtbar gemacht. Könnte ich die Alben aller nordkalifornischen Victors durchblättern, würde ich ihn wohl wiedererkennen. Er habe den Namen Dieter Victor angenommen und in der Gegend um Carmel gelebt. Klar, 100% sicher war ich mir hinterher nicht mehr, ob ich den Namen richtig verstanden oder ihn mir korrekt gemerkt habe. Deutsche Kinder werden selten so erzogen, dass sie sich in irgendeiner Sache ganz sicher fühlen. Da mir aber meine Mutter zwei Monate später dieses Familiengeheimnis ausgerechnet bei einem Spaziergang durch Carmel lüftete, nahm ich das als Bestätigung. Denn, alle meine mütterlichen Verwandten haben das sogenannte Zweite Gesicht. Deshalb schrieb ich auch zum 90. Geburtstag von Doris den autobiographischen Roman *DORIS DAY AND MY SEARCH FOR RELATIVES*. Die übergroße Werbe-Postkarte dieser *Carmel Family Mystery* sandte ich an 15 kalifornische Victors mit erklärendem Text. Bisher ein einziges Feedback von einem aus Odessa stammenden Herr Victor via Facebook.

Heizungstrockenes Wintergrau ade!

Die eisige Jahreszeit hatte ihre morbide Pelerine ausbreitet, und die Kälte fraß sich durch sämtliche Ritze. Unser Stimmungsbarometer sank stündlich, besonders das von Peter. Früher stutzten wir Onkelchen Frosts Flügel und verdrückten uns auf die Kanaren, bis wir uns im schönsten Staat am Pazifik niederließen. Den hatten sich die US-Amerikaner 1848 im mexikanischen Krieg einheimsen können. Derzeit ist Kalifornien vom Fukushima Fallout bedroht. Schlägt das Karma zurück?

Das Leben im Sonnenparadies genossen wir zehn Jahre lang. Sieben fette Jahre lebten wir im eigenen, in die *Santa Monica* Berge eingebetteten Refugium, zusammen mit Rehen, Kojoten, Waschbären, Uhus und Wildgänsen. Doch da wir wegen ständigem Gästestrom kaum verreisten, staute sich mein Drang nach Freiheit und Veränderung an, besonders nach dem *Thanksgiving* bei Celeste. Die Ex-MGM-Managerin lebte in Topanga, der Hippie-Gemeinde westlich von L.A. Dort lernten wir Pia kennen. Die Schwedin modelte früher in München. Wir sprachen auch von ihrer berühmten Kollegin Uschi Obermaier. Pia schwärmte von Uschis Luxusbus, mit dem die Mutter aller Supermodels und ihr Lebensgefährte Dieter Bockhorn in Asien, USA und Mexiko unterwegs waren. Ich war selber schon Feuer und Flamme als Pia den Kontakt zu der Bajuwarin herstellte.

Das Gespräch mit Uschi verursachte mir das gewisse Kribbeln im Bauch und weckte meine Reiselust. Bei mir als Schütze mit Aszendent Zwilling braucht es dazu nicht viel. Ich sehnte mich nach einer Veränderung. Ich hätte gern ein Jahr lang unser Haus mit Uschis Bus getauscht. Mein halb im Scherz geäußertes Angebot überging sie mit einem Bericht über ihren geplanten Bildband, durch den sie dann eine Art Comeback schaffte und sich ein Haus in Topanga leisten konnte. Über ihre Reisen vermochte ich ihr nur wenig zu entlocken. Auf dem letzten gemeinsamen Trip war ihr Lebensgefährte bei einem Motorradunfall verblutet. Wir Globetrotter müssen alle damit rechnen, am anderen Ende der Welt unsere Partner zu verlieren. Zum Glück hält uns das nicht ab.

Wieso wir wieder im deutschen Schmuddelwetter gelandet waren, habe ich im Doris Day Buch ausgiebig ausgeführt. Es kam so allerhand zusammen. Hinterher ärgerten wir uns, dass wir nicht in die Bacha California gingen oder nach Belize, wo das Leben viel preiswerter war. Aber der Fauxpas konnte auf Dauer unsere Laune nicht verderben, denn wir machten es den Zugvögeln nach. Wir ließen uns Flügel in Form eines Appartements auf Rädern wachsen. Da Peter befürchtete, es könnte doch nicht so unser Ding sein, übten wir erst mal mit einem antiquierten Wohnmobil der eigentlich exklusiven Marke *Concorde*. Aber wir gerieten an ein Modell, mit dem sich selbst der Hersteller nicht mehr identifizieren wollte. Wäre es nach mir gegangen, hätten wir uns gleich ein neues Wohnmobil gekauft. Mir liegt das Zigeunern im Blut. Immerhin war mein Opa Binnenschiffer und ständig auf Neckar, Rhein und Waal nach Rotterdam unterwegs. Zum Glück stiegen wir auf ein 1½ Jahre altes Womo um.

Als wir Anfang Januar 2002 mit diesem Hymer als letztes Gefährt in Algeciras auf die Fähre düsten, wurden wir von Erika aus Varel gefeiert. Sie fand es *mega cool*, wie wir binnen einer halben Stunde die Fahrkarten besorgten, den Reiseproviant einkauften und in letzter Minute das Schiff erreichten. Sie erzählte es einigen Kollegen. Irgendwann kam der Bericht über *Radio Camping* wieder bei uns an. Jedoch dramatisch verändert: Die Männer hätten die Auffahrrampe wieder heruntergefahren, als sie uns mit 100 Sachen durch den Hafen brausen sahen ...

Unsere erste Tour unternahmen wir 1998/99 und hielten es 6 Monate in Spanien, Portugal und Marokko aus. Danach fuhren wir nur noch drei Monate, da auch Peter sein Hobby zum Beruf machen, ihn aber nicht, wie ich, überall betreiben konnte. Das kam so: Als die Börse 2000 krachte, verloren wir wieder mal fast unser gesamtes Vermögen. Das passierte uns übrigens dreimal. Das muss uns erst mal einer nachmachen, dreimal Millionär sein, jedes mal nahezu alles verlieren und wieder von vorn anfangen. In meinem astrologischen Chart steht u. a., dass meine Lebenslehre mit Verlusten zu tun habe. Da ich zu Sparsamkeit erzogen wurde, geriet ich immer an Partner, die mir zu Verlusten verhalfen. Edi crashte mein Auto, Günther überredete mich, für Edi's Schwester zu bürgen. Zwar hat Peter das Geld übers Gericht wieder geholt, aber bei ihm lernte ich das Loslassen *big time*. Mein Streben nach sicheren Geldanlagen entlockte meinem Glücksritter stets nur ein müdes Lächeln. Doch das Gejammer war diesmal besonders groß: Was soll ich bloß machen? In meinem Alter bleibt wohl nur noch die Müllabfuhr. Ich leierte den in Kalifornien so oft gehörten aufmunternden Spruch herunter: *Do what you love to do and the money will follow.* Zu Deutsch, tue, worauf du Lust hast und das Geld wird folgen. Oder: Lebe deine Talente und du bist reich und glücklich. Bei mir fiel dieser Leitsatz auf fruchtbaren Boden. Meine amerikanischen Freunde sagen: Wir müssen so tun, als ob wir das, was wir gern sein wollen, schon sind. Da Lesen und Schreiben schon immer meine Hobbys waren, stellte ich mich fortan als *Writer* vor und fing an, Reiseberichte über Kalifornien zu schreiben, vor allem darüber, wie man ohne Geld *fun* haben kann. Falls Du mal per Auto oder Wohnmobil die Vereinigten Staaten erkunden möchtest, probiere doch meine Favoriten mal aus:

1. Werktags können wir uns in einer Loge der Hollywood Bowl an einem besonderen Ohrwurm ergötzen. Die Musiker üben fast täglich für ein Wochenendkonzert und sind dabei viel entspannter als bei ihren Auftritten. Viele Zaungäste genießen dabei in der Vormittagssonne ihr Picknick.

2. Liebhaber seltener Kunstschätze können sich im Paul-Ghetty-Museum die Zeit vertreiben. 1976 vermachte der Ölmilliardär dem Getty Trust $700 Millionen unter Auflage, die Sammlung weiter auszubauen und Besuchern kostenlos zur Besichtigung freizugeben. Das reizend angelegte Areal mit dem atemberaubenden Blick über L. A. bis zum Pazifik versüßt einem noch den Aufenthalt. Das Museum befindet sich auf der linken Seite des 405er Freeways, kurz, bevor er in den 101er übergeht.

Das 3 Freebee dient der körperlichen Ertüchtigung, die für das Aufrechterhalten einer funktionierenden Körperabwehr so wichtig ist wie das Entspannen: Wir können kostenlos Tennis spielen. Jede Gemeinde stellt ihren Bürgern einige Hartplätze zur freien Verfügung. Und wer mal keinen geeigneten Schlafplatz findet, fährt zu Denny's. Diese Speiselokalkette hat rund um die Uhr geöffnet.

Diese Aufzeichnungen gehörten zu meinem ersten schriftstellerischen Erguss in Form eines Kalifornien-Reiseberichts. Als erster Leistungsnachweis wanderte er, Gilb ansetzend, von Schublade zu Schublade. Mein erstes Buch *Spirulina, das blaugrüne Wunder* basiert auf meiner Doktorarbeit über die Mikroalge Spirulina und Immunabwehr. Seitdem erfreue ich mich am wonnigen Prozess des Schreibens und am Glück, mit meinem Hobby Geld zu verdienen.

Zu Peter sagte ich, verschleudere deine Talente nicht, sondern lebe sie! Wir gestalten unsere eigene Wirklichkeit. Stell dir einfach vor, was du am liebsten machst. Bei mir hat es doch auch geklappt. Ich hab im Geist Lesungen veranstaltet und auf der Buchmesse meine Bücher vorgestellt. Peter motzte, du hast gut reden, schreiben kann man in jedem Alter. Mir macht nichts Spaß, außer den ganzen Tag über die Nordschleife zu brummen. Glaubst du, mir altem Sack gibt irgendjemand Geld dafür, dass ich auf dem Nürburgring fahre? Ich erwiderte, stell es dir einfach nur jeden Tag vor! Unglaublich, aber wahr: Wenige Monate nachdem ich meinem besten Freund das schöpferische Training seiner grauen Zellen riet, wurde ihm ein Job als Testfahrer bei AMG Mercedes angeboten. Jahrelang durfte er durch die *grüne Hölle* rasen!

Dieses Prinzip der Gestaltung unserer Wirklichkeit macht uns wirklich happy. Das Hobby kann erst mal Nebenjob sein. Ich bin dafür, alles auszuprobieren, was Freude bereitet. Letztlich sind unsere eigenen gesammelten Erfahrungen die wahre Wissenschaft.

Willst du z. B. wie wir, den Winter in Nordafrika verbringen, stell dir die Reise täglich vor. Selbst wenn du erst mal ein Wohnmobil mietest und es nur ein langer Urlaub von 4 oder 5 Wochen wird.

Uschi Lenz weckte vor einigen Jahren einen Wunsch in mir. Sie und ihr Mann Jürgen, unter den Campern als *Hauptmann* bekannt, erforschen seit Jahren mit ihrem Geländewagen Südamerika. Das würde mir auch gefallen. Wir kennen nur Mexiko, wo wir Ende der 80er nach rostfreien Oldtimer Ausschau hielten. Nun träume ich davon, Mittel- und Südamerika zu bereisen, doch statt mit dem Camper in Hamburg einzuschiffen, 4 Wochen lang europäische Häfen abzuklappern und von Dakhla gen Süden dem Panamakanal entgegenzusteuern, male ich es mir so aus:

Wir fliegen nach Kalifornien, kaufen ein Gefährt, fahren damit gen Mexiko, schließen an der Grenze eine Zusatzversicherung ab, sehen uns in Mittel- und Südamerika um, und wenn wir genug haben, verkaufen wir das Au-to wieder oder lassen es bei Freunden stehen.

Die beiden Franken lassen ihren auf einer Auktion ersteigerten, selbst ausgebauten Mercedes 911, ein ehemaliger Funkwagen der GSG 9, auch in Südamerika stehen.

Bei uns kam erst mal alles anders und wir landeten in Portugal. Doch in meinem ersten Rentenjahr soll es so weit sein, sofern kein anderes Lebensziel dazwischenfunkt. Alles ändert sich ja ständig. *Veränderung ist die einzige Konstante.*

Bursins-Besuch: Sandy & Sir Peter Ustinov

Beim Verlassen von Michelstadt in Richtung Neckartal bereiten wir uns mental auf die Feier des zweiten Weihnachtstags mit Kindern und Kindeskindern im Schwabeländle vor. Zügig passieren wir Erbach, die Gemeinde, die nach dem Wunsch vieler Bürger und Touristen längst mit Michelstadt vereint sein sollte. Als ich meine Lehre als Arzthelferin in Erbach absolvierte, waren Witze über die verfeindeten Städte an der Tagesordnung:

Zwei Erbacherinnen unterhalten sich über ihren üblen Nachbarn, der ständig seine Frau verprügelt. Dass die sisch des gfalle lässd. Sachemol, wo issn die eigendlisch her? Ei vun Mischelschdad! Awas! Ei, doan keertre ah!

Da in der Papierfabrik hat mein Vater in seiner Jugend als Elektriker gearbeitet.

Er hatte also einen Kurzen in der Hose.

Ha, ha, hat der einen langen Bart.

Ein letzter Blick streift die Kuppe der Weidenhänge in Schönnen und das vorm dunklen, scharf abgegrenzten Mischwald im Glanz der Sonne thronende Bahnwärterhaus. Die kahlen Äste der flankierenden Bäume sind frostig angehaucht. In der warmen Zeit können Vorbeifahrende das Buntsandsteingemäuer hinter einer Symphonie von Büschen und blätterüberschäumenden Bäumen allenfalls erahnen. Wohl ein Grund, warum Günter Wallraff es stets von meinen Eltern mietete, wenn er im Odenwald Vorträge über seinen Enthüllungsjournalismus hielt. Das Bahnwärterhaus *Posten 19* hat viel zu erzählen!

Während des Krieges fand dort eine burleske Gemeinde ausgebombter Verwandte und Freunde Unterschlupf. Bis vor 60 Jahren in einer Frühlingsnacht mit mahlend rüttelndem Getöse ein Panzer der US-Army angerollt kam, mit seiner vibrierenden Masse die Schranke durchbrach und das Haus zum Beben brachte. Oma versteckte den Armeemantel ihres noch minderjährigen Sohnes, der aufgrund von Krankheit und Heiratsurlaub nie zum Einsatz gekommen war. 50 Jahre später fanden hier zwölf Bosnier eine neue Heimat. Wieso führen denkende Menschen immer wieder Kriege?

Schweigend passieren wir die prächtige steinerne Eisenbahnüberführung vor Hetzbach. Auf der verschneiten Höhe in Beerfelden sinke ich tief in den Sitz. Mein Gesicht entspannt sich, die Augen senken sich schwer in ihre Höhlen, die Arme hängen schlaff herunter. Immer wenn wir abfahren, fühle ich mich völlig losgelöst und finde die absolute Ruhe in der Bewegung. Peter neckt mich mit den Worten, du hast ganz vergessen zu erwähnen, dass deine Oma das Viadukt gerettet hat. Mehr als einmal hatte ich ihn beim Vorbeifahren daran erinnert, wie sie gegen Ende des Krieges das Sprengen des imposanten Bauwerkes verhindern konnte:

Als die Soldaten anrückten, fragte die resolute Schrankenwärterin nach deren Vorhaben. Der Kommandant sagte, wir haben den Auftrag das Viadukt zu sprengen. Seid ihr denn verrückt? Der Krieg ist doch fast vorbei. Es ist doch schon genug kaputt gegangen. Ihr Argument, die Amerikaner kämen sicher nicht mit dem Zug und sie könnten ja die kleine Marbach-Brücke sprengen, überzeugte.

Früher erinnerte uns mein Vater fast jedesmal wenn wir sonntags zu den Schwestern meiner Mutter nach Eberbach fuhren, dass ohne Oma das schöne Viadukt zerstört worden wäre und dass ihr eigentlich eine Medaille zugestanden hätte. Im Geist schaute ich wieder *aus den geteilten Fenstern unseres VW Käfers auf den buntsandsteinernen Prachtbau. Bergauf nach Beerfelden fahrend, stimmte Pa das Lied "Wenn wir erklimmen schwindelnde Höhen..." und alle zusammen singend fuhren wir dem Gipfelkreuz zu.*

Die mit spinnwebfeiner Eiskruste überzogenen Hügel gleißen in der Sonne und machen mich müde.

Gleich kommen wir zum Malibu des Odenwaldes. Ja Peter, und zu *meinem roten Haus.* Kurz vorm Erreichen der Bahnunterführung in Richtung Neckar, taucht es auf. Im Geist höre ich meine Mutter rufen. *Dein rotes Haus, Marianne, wir sind gleich da!* Haus war eine Untertreibung. Die Gelatine-Fabrik ist die größte der Welt. Jede vierte Tonne tierisches Eiweiß kommt aus diesem Familienbetrieb. War es es ihre prophetische Fähigkeit, dass sie es *mein* rotes Haus nannte? Zwar habe ich persönlich nichts damit zu tun, aber die Urenkelin des Werksgründers Heinrich Koepff ist meine schöne Schwiegertochter. Wie die Verwandten meiner Mutter leben die von Michaela in Eberbach. Auch feiert sie ihren Geburtstag am selben Tag wie Doris Day und ihre Tochter Marika mit meinem Vater!

Braun schillert der gemächlich fließende Strom. Vom fein aufsteigenden Nebel zaubert die Sonne seidiges Engelshaar. Die verhangenen schwarz-grünen Berge des Neckartals und der in Dunst gehüllte Horizont scheinen einer anderen Zeit anzugehören. Ein Gefühl der Unendlichkeit entrückte mich. Erst als Peter nach den Pässen fragt, verlasse ich die *Insel der Seligen*. Zum ersten Mal seit dem Unfall unserer Hündin übernachten wir wieder an der **Raststätte** *La Côte*. Der ganze Film läuft noch einmal ab:

Peter weckt mich kurz nach 7:00 Uhr. In ärgerlichem Ton sagt er, du musst dich mal um deinen Hund kümmern... die Schlampe kommt nicht, wenn ich rufe. Wie in Trance streife ich mir die Jeans über und frage, wieso hast du sie denn von der Leine gelassen? In von Gewissensbissen gemilderter Färbung antwortet Peter, da war einer mit einem Boxer. Der hat ihn da hinten auf der Wiese laufen lassen. Ich hab Sandy losgemacht, die beiden haben miteinander gespielt. Dann rief der andere seinen Hund. Ich hab Sandy auch gerufen, aber sie hat mir diesen gezeigt. Er hebt den Mittelfinger.

Rufend renne ich umher. Keine weiß gelockte Hündin mit schwarzen Flecken in Sicht. Ich laufe querfeldein in Richtung des nahe gelegenen Ortes Bursins. In der Ferne entdecke ich... mir fällt ein Stein vom Herzen. Ich lege einen Zahn zu und rufe, Sandy, Sandy! Als ich näher komme, treffe ich unweit der Friedhofsmauer eine große schwarzhaarige Frau. Meine grazile Hündin entpuppt sich als gut im Futter stehender Boxermix. Die warmherzige Französin, die noch einen dunkelbraunen Vierbeiner an der Leine führt, scheint meinen Kummer zu ahnen. Ihr Gesicht drückt schmerzliches Bedauern aus, als ich sie nach dem Bordercolliemix, le chien, blanc-noire, frage und die Hand auf die Höhe meiner Oberschenkelmitte halte. Während ich ihre Lieblinge streichle, zählt sie in Englisch einige Möglichkeiten auf, wo ich nach Sandy schauen könnte. Beim Abschied wünscht sie mir „Bonne-chance".

In Bursins spreche ich einen Automecha-niker an, der versucht, einen alten R4 zu starten. Er sagt, auf der anderen Seite der Raststätte ist eine Polizeistation und bietet an, mich hinzufahren. Ich hoffe, mich durchs Joggen beruhigen zu können und lehne ab, freue mich aber über das nette Angebot.

Ich steige in den Lift, überquere die Autobahn, fahre auf der anderen Seite runter und laufe an der Tankstelle vorbei zum Polizeigebäude. Was folgt, hatte ich 1½ Jahre zuvor geträumt. Damals riet ich meiner Mutter, binde dich emotional nicht zu sehr an Sandy, sie wird wohl nicht älter als 2 Jahre. Sandy lebte vom 27.11.1998 bis zum 1.12.2000.

Ich klingle, ein ziviler Beamter kommt zur Tür. Ich frage nach Sandy. Der Mann nickt, sagt etwas auf Französisch, das ich nicht verstehe. Aber die Handbewegung zur Halsschlagader war allzu deutlich. Er geht ins Gebäude und kommt mit einem anderen Polizisten zurück. Der hat Sandys rotes Lederhalsband in der Hand, schaut auf die Steuermarke und fragt, où est-ce que vons habitez? Halb erstickt hauche ich, Michelstadt. Er sagt, oui und überreicht mir das rote, mit hellem Leder gefütterte Halsband. Mir schießen heiße Tränen in die Augen. Ich wende mich um und wandle zum Camper zurück. Leise sage ich zu Peter, Sandy ist überfahren worden... sie war sofort tot... der Kopf muss übel aussehen. Der Polizist hat gefragt, ob wir sie haben wollen. In minutenlanger Erstarrung sitzen wir da. Dann fährt Peter einfach los. Ich sage nichts. Etwas später murmele ich, wir hätten sie irgendwo im Wald begraben sollen. Jetzt liegt ihr Körper in einem schwarzen Sack und ihr feinstofflicher Teil ist bei uns. Sie wird gar nicht begreifen, wieso wir sie nicht beachten. Wir lernen oft nur auf die harte Tour. Doch diese Regel haben wir intus:

Lasse Deine Vierbeiner auf Autobahn-Raststätten unter k e i n e n

9

Umständen von der Leine!

Wieder kullern Wässerchen über Wangen. Wieder schnüren Klöße Hälse zu. Wir finden keine Tankstelle, weil Sonntag ist. Zerknirscht sagt Peter, der Reservekanister ist leer. Ich sage, wie immer bestens vorbereitet! In Annecy entdecken wir endlich eine Tankstelle.

Werktags kann man am preiswertesten bei den Supermärkten tanken.

Wir führen uns selber Energie zu und witzeln beim Brunchen über das tolle Skigebiet und die mit kahlem Geäst traurig blickenden Wälder. In Beerfelden lag Schnee, hier keine einzige Flocke. Wir bedauern unsere Freundin, die zusammen mit Ihren Kindern und Freunden ganz in der Nähe den ersten Tag ihres Skiurlaubs genießt. Ich sage, 15 km vor Chambéry und kein Fitzelchen Schnee in Sicht. Die Ärmsten, das wird ein Sylvester werden. Wir packen zusammen und setzen den *Hymer* in Gang. Es geht stetig nach oben. Schlagartig stirbt der Tag. Über uns verdämmert schauerschweres Grau. Bleiern fällt der Schnee auf die Frontscheibe. Die Straße hat sich in Spülwasser verwandelt. Der Scheibenwischer schiebt das pappige Nass im Schneckentempo. Selbst bei 25 Sachen fürchtet Peter, jeden Moment zu rutschen. Er sagt, wenn wir hier hängen bleiben, dann gute Nacht Sylvester in Marbella.

Ich sage, wir könnten Csöpi anrufen, die sind nur 20 km von uns weg. Oder ein Abschlepper aus Rumilly erbarmt sich eines Mitglieds der Partnerstadt. Seit mehr als dreißig Jahren knüpft Michelstadt freundschaftliche Bande zu der Savoyengemeinde.

Zum Glück schaffen wir es ohne Freundin und ohne Bergungsdienst. Dennoch mache ich mir einen dicken Knoten in meine grauen Windungen: Künftig unterlassen wir das Spötteln und rasten erst nach dem Bezwingen eines Gebirges bzw. nach der Talfahrt.

Sauer macht nicht immer lustig

Auf der Umgehung von **Narbonne** ruhen lauter abgetakelte Enten auf einem riesigen Schrottplatz. Besitzer eines *Deux Chevaux*, denen Teile fehlen, können hier fündig werden. Windräder bei der Abfahrt Port Novelle. Auch vor der einst spanischen Stadt Perpignan drehen sich Energieerzeuger vorm Hintergrund des schneebedeckten Massivs der Pyrenäen. Umwelt und Wirtschaft widersprechen sich nicht. Beim Anblick der exquisiten Gipfel mache ich mir den mentalen Vermerk:

Decke dich reichlich mit Trinkwasser ein, am besten mit Montcalm, dem schmackhaften, leichten Bergquellwasser aus den Pyrenäen.

Der erste Weg in Spanien führt uns daher zum *Mercadonna* Supermarkt und wir decken uns reichlich mit *Montcalm* ein. Die marokkanischen Quellwässer *Sidi Ali* und *Sidi Harazem* sind weder so preiswert noch so mineralarm.

Je weniger ein Wasser mit anorganischen Salzen belastet ist, desto besser reinigt es unseren Organismus und desto weniger Ablagerungsprobleme, wie Alzheimer, Arthritis, Arteriosklerose und Steinbildungen haben wir.

Mineralsalze sind für den Körper am zuträglichsten, wenn sie durch Pflanzen, also durch Fotosynthese verstoffwechselt wurden. Also viel Obst, Salat und Gemüse essen!

In Portugal schmeckt mir das **Glaciar** Hochquellwasser am besten. Es ist besonders leicht. Doch selbst die meisten salzarmen Wässer sind weltweit im sauren Bereich. Das portugiesische Bergquellwasser *Monchique* zählt mit einem pH-Wert von 9,5 zu den seltenen basischen Wässern, enthält aber 1,2 mg Fluorid. Nach dem Genuss von Cola (pH-Wert: 2,5) zu empfehlen! In Portugal steht der pH-Wert auf allen Wasserflaschen.

Schreib an deine Volksvertreter, damit wir uns in ganz Europa informieren können!

Das Gezische und der Gestank im Chemie-unterricht sind mir in lebhafter Erinnerung. Doch vom Gelehrten habe ich kaum mehr behalten, als: Säuren färben Lackmuspapier rot, Basen färben es blau. Jahrzehnte später lernte ich während meines Studiums in Ernährungswissenschaft, wie wichtig ein neutrales Gemisch der Körpersäfte für unser Wohl ist. Säureüberschüssige Kost ist mit basischer abzupuffern bzw. zu neutralisieren, damit der pH-Wert des Blutes nicht zu sehr in den sauren Bereich kommt. Wer Brot, Pizza, Hamburger, Würstchen, Chips, Gebäck und Süßes isst, braucht Grünzeug oder bald keinen Kamm mehr! 70-80% unserer Kost ist besser basisch: Gurken, Zucchini, grünes Blattgemüse, Löwenzahn, Wegerich und was sonst noch auf blühenden Wiesen abseits vom Verkehr zu finden ist.

Falls du dich über mein Engagement wunderst: Nach numerologischen Gesichtspunkten wurde es mir als Grundtyp 7 (Quersumme von Geburtstag, -monat und -jahr), dem die Sonne als Planet zugeordnet ist, in die Wiege gelegt. Unter *7/34* schreibt Helmut von Kritzinger in seinem Buch *Numerologie und Partnerschaft*:

Die Disziplin (Sonne-Saturn) bringt Verantwortungsgefühl für sich selbst und den Mitmenschen, eigene Erkenntnisse über das Leben (Uranus) werden bereitwillig für andere zur Verfügung gestellt. Diese Funktion lässt sich mit einem Medium oder Kanal beschreiben. Die Hilfsbereitschaft verbunden mit einem Herz für die Probleme seiner Mitmenschen prädestinieren diesen 7er Typus schon früh für die Rolle des Lebensberaters. (S. 109)

Eigene Erkenntnisse erwarb ich durch säurebildende Kost, chemische Arzneien und Röntgenstrahlen. Diese schwächten mein Immunsystem. Mit 10 erkrankte ich am Altersstar beider Augen, da ich schon so viele Gifte bzw. Schlacke angesammelt hatte wie mit 70.

Frankreichs idyllische, mit Pappeln gesäumte Landstraßen begeistern mich immer wieder. Sie erinnern mich an die schöne Chaussee, die meiner Großmutter und mir Schatten spendete, wenn wir zum Bahnwärterhaus marschierten. Sie fiel, wie viele andere Allen, den Rasern zum Opfer. Wir übernachten im reizenden **Fischerort Mèze**. Peter holt sich ein Dutzend Austern in der Markthalle. Ich bin nicht scharf auf die *Rotze mit Fischgeschmack*. Später verrät mir ein hier lebender älterer Amerikaner:

> ***Die Austern in den Läden an der Straße sind besser und nicht teurer. Der Platz in Mèze mit Entsorgung & Wasser ist im Winter kostenlos.***

Wir passieren das Weingut *Château Font des Prieurs* in **Gabian**. Vorletztes Jahr gönnten wir uns auf der Rücktour 5 Liter biologisch angebauten Wein. Jetzt probieren wir den in **Le Boulou** und kaufen zwei Fässchen Roten von einem kleinen Weinbauer, den uns Dieter und Ingrid empfahlen. Die im *Flair* reisenden Ex-Pauker sind Spezialisten, was den *le Rouge* betrifft. Auch kennen sie viele heiße Quellen in Südeuropa. Ingrid leidet an MS. Nach den Bädern geht es ihr besser. Die Thermalquellen befinden sich oft in der Nähe von Vulkanen. Sie helfen bei Hautkrankheiten und Muskelschmerzen und wirken lindernd bei Depressionen oder inneren Erkrankungen. Du kannst sie unter anderem in Orten finden, deren Namen mit Fuente (= Quelle) beginnen.

> ***Eine 53° C heiße Quelle findest du in Balneario de Fortuna, Region Murcia. Sie hilft bei Rheuma und Erkrankungen der Atemwege. Du kannst hier schön stehen.***

Letztes Jahr nächtigten wir nach unserem Besuch beim Weinbauer hinter einem Eichenbuschwald und genossen den wundervollen

Blick auf die gepuderten katalanischen Pyrenäen. Du kannst auch beim Winzer über Nacht stehen, falls die Weinprobe zu heftig ausfällt.

Am **Grenzort Le Perthus** staut sich der Verkehr mehr als sonst. Der Auftrieb wie auf dem Markt von Timbuktu hat mit der Erhöhung der Tabakpreise zu tun. Viele Franzosen decken sich mit Sargnägeln ein, die mit der Zeit alle Organe von Rauchern und Mitrauchern schädigen. Vielleicht hält die Studie aus den Staaten einige ab. Ergebnis: *Der „blaue Dunst" kann zu Blut-, Magen-, Nieren- und Pankreaskrebs führen und birgt ein erhöhtes Risiko, an Augenerkrankungen bis hin zur Erblindung zu leiden.*

Asphaltschwalben und karmisches Gesetz

Die hereinbrechende Dämmerung überzieht die vorbeihuschende Landschaft mit Schwermut. Heuer fallen uns die vielen Freudenmädchen aus den GUS-Ländern auf, die freiwillig oder unfreiwillig in den Westen kamen. Meine Gedanken driften zu Michel Friedmann, dessen politische Sendung wir beide vermissen. Ich erwähne ihn gern im Kontext mit *Gruppenreinkarnation*, um die Begriffe Reinkarnation und Karma zu erklären. Würde es nicht Sinn machen, wenn jene Nazis, die Anfang der 40er Jahre polnische und russische Arbeiterinnen für ihre Munitionsfabriken zwangsrekrutierten, heute als verschleppte Liebesdienerinnen arbeiten, die von Bürgern jüdischen Glaubens ausgebeutet werden?

Reinkarnieren wir stets, um uns zu rächen, werden jene, die auf brutalste Weise ihrer Zukunft beraubt wurden, wie z. B. Millionen amerikanischer Ureinwohner, bei der nächsten Fleischwerdung auf der Seite der Barbaren stehen. Sie wollen lernen, wie es sich anfühlt, Menschen schlimmer als Vieh zu behandeln. Etwa in der Haut von NS-Offizieren, die anordnen, Millionen Juden zu er-

morden und damit die Lebensplanung ebenso einzigartiger Menschen mit einem Streich zunichte machen.

Was wird aus den Mädchen, wenn sie nicht mehr attraktiv genug zum Anschaffen sind? Können sie für sich sorgen, eine Ausbildung absolvieren? Werden sie zurückgeschickt? Peter sagt, vielleicht landen sie in der Wolga.

Warum müssen Menschen in Armut leben und ausgebeutet werden? Das karmische Gesetz von Ursache und Wirkung besagt: Auf jede Aktion folgt eine Reaktion. Wenn ich anderen etwas gebe, bekomme ich es auf irgendeine Weise doppelt und dreifach zurück. Wenn ich anderen etwas nehme, wird mir doppelt und dreifach genommen. Vergegenwärtigen wir uns vor jeder Aktion dieses Gesetz, werden wir uns unserer Handlungen immer bewusster. Dann verzichten wir lieber auf einen Hieb, da er uns später in diesem Leben, oder in einem anderen, doppelt treffen würde. Wir bekommen alles zurück. *Auge um Auge, Zahn um Zahn.* Wenn Jesus sagt, der Geschlagene solle auch noch die andere Wange hinhalten, meint er, dass dann seine karmische Schuld erlischt. Der auf diese Weise Erleuchtete ist sodann vom Rad des Karmas befreit. Er braucht seine Schuld nicht mehr zu sühnen. Indem er erkennt, dass er den Angreifer in einem anderen Körper in einer vergangenen Existenz selber geschlagen hat, verzeiht er ihm seinen Schlag. Er bittet ihn mit dem Hinhalten der anderen Wange gleichzeitig um Verzeihung dafür, dass er ihn zuvor geschlagen hat. Alfira Weihe, die Ärztin, die mein Buch ins Russische übersetzte, sagte, als ich am Telefon die Reinkarnation erwähnte, ich bin Christin und glaube daher nicht daran. Dabei waren die Urchristen sich der Wiedergeburt in einem anderen Körper bewusst! Damals gehörte es zur christlichen Lehre. Es wurde herausgenommen, weil man angeblich die Menschheit noch nicht für reif genug hielt. Dabei ging es nur um Machtausübung. Die Menschen lassen sich besser ausbeuten, wenn sie Angst haben. Die dauernden Fake Pandemien dienen ebenso als Angstmache.

Aber nehmen wir nur mal das obige Zitat der Vergeltung: Was würde es ohne die Reinkarnation für einen Sinn machen? Wir wissen doch aus Erfahrung, dass es Menschen gibt, die zeitlebens ungestraft sich auf Kosten anderer bereichern oder deren Körpern Schaden zufügen. Dann gibt es Jene, die ein Leben lang für andere da sind, sie hegen und pflegen, am Ende aber ohne Dank ganz allein dastehen. Würde das ohne Aussicht auf ausgleichende Gerechtigkeit in einem der nächsten Leben überhaupt einen Sinn machen? Deshalb kann *Auge um Auge, Zahn um Zahn* bzw. der Verzicht darauf nur bedeuten: Wir kommen wieder, um uns entweder zu rächen oder die andere Wange hinzuhalten. Erstes impliziert, wir reinkarnieren immer wieder zwecks Erfüllung unseres Karmas. Verzichten wir dagegen auf die Rache und verzeihen uns und unseren Mitmenschen die Schuld, sind wir vom Rad des Karmas und damit vom Fleisch befreit.

Solange wir das karmische Gesetz nicht erkennen, bleibt das Menschheitsproblem bestehen: Immer werden irgendwo auf der Erde schreckliche Abscheulichkeiten im Namen der Rache verübt. Immer wieder kehren wir zurück und beteiligen uns an dem, was einige einen kosmischen Jux, viele das irdische Jammertal nennen.

Ich zitiere in meinen Büchern öfters Jesus, da ich es bis zu meinem 12. Lebensjahr gewohnt war, meinen Vater oder einen Onkel jeden Sonntag in der neuapostolischen Gemeinde predigen zu hören. Diese in meinen grauen Zellen gespeicherten Lebensweisheiten könnten auch von Buddha oder anderen geistigen Führern stammen.

Auf der Küstenstraße N 340 fallen nicht nur die vielen auf Freier wartenden Mädchen auf. Auch locken unzählige Clubs mit ihren grell bunten Lichtern die Fernfahrer an. Bei Tag bekommst du das allerdings kaum mit.

Am Ebro-Delta empfangen uns angenehme Temperaturen. Keine Fischer mehr bei der Arbeit, keine Bauern mehr auf den Feldern. Auch die gewöhnlich auf der Lauer liegenden Beamten der *Guardia Civil* haben Feierabend.

Zwischen Tarragona und Castellón tanken wir in Vinaròs bei Sebaco den günstigsten Sprit auf dieser Route.

Hier schwingen immer noch zwei Landvermesser ihr Senklot, um eine neue kommerzielle Zone abzumessen. Etwa einen Kilometer weiter halten wir bei einem *Carrefour* Supermarkt, um eine Batterie zu kaufen.

Das Küstenstädtchen Borriana südlich von Castellón bietet einen stillgelegten Campingplatz mit Wasser und Entsorgung.

Wir schlafen ruhig wie in Abrahams Schoß. Auf der Autobahn, die um Valencia kostenlos ist, sehen wir beim Überholen von 4 Schweinetransportern dicht gedrängt stehende Tiere, die sich kaum rühren können. Schockiert ruft Peter, wirf all meine Würste weg. Ich sage, kauf einfach keine mehr. Die Schweine werden durch ganz Europa nach Marokko gekarrt, weil das Schlachten dort preiswerter ist. Ein unvorstellbarer Stress! Aus ihrer gewohnten Umgebung gerissen, mit fremden Tieren zusammengepfercht. Stürzt ein Tier, wird es durch Tritte der anderen verletzt oder getötet. Schopenhauer sagt: *Die Welt ist kein Machwerk, und die Tiere sind kein Fabrikat zu unserem Gebrauch. Nicht Erbarmen, sondern Gerechtigkeit ist man den Tieren schuldig.*

Wir könnten die verwerflichen Auswüchse der Agrarpolitik und künstlichen Preispolitik stoppen. Verhindern wir, dass Tiere für saftige Prämien leiden. Boykottieren wir besser tierische Billigprodukte. Reduzieren wir unseren Fleischkonsum und essen Produkte aus artgerechter Aufzucht, schonen wir die Kreatur und belasten uns weniger mit schlechtem Karma und schädlichen Substanzen. Dem Futter von Milch- und Schlachtvieh werden u. a. täglich Antibiotika zur Vorbeugung von Krankheiten verabreicht. Dadurch und wegen der schädlichen gesättigten Fettsäuren erkranken Vegetarier nur halb so häufig an Krebs wie Karnivoren. Auch mit der Ressource Wasser ginge es bei pflanzlicher Ernährung weniger rasch bergab. Denn, um Fleisch zu produzieren, wird 15 mal mehr benötigt, als für die Produktion von Getreide. 2025 soll jeder 2. Mensch an starkem Wassermangel leiden. Schon jetzt sterben jährlich 10 Millionen Menschen an den Folgen von verseuchtem Süßwasser (3. Weltwasserforum, Kyoto 2003).

Gerade bin ich in Gedanken bei Susanne und Kenny in Marbella. Das Handy piept. Kenny meldet sich mit zwei Fragen: Kommt ihr zu Sylvester? Wo seid ihr denn? Peter sagt, 50 km vor Granada. Kenny sagt, dann schafft ihr's ja heute noch. Nein das wird zu spät, hinter Granada werden wir übernachten. Wir sehen uns dann morgen gegen Mittag. Die Empfängerqualität unseres Freundes bestätigt wieder mal Rupert Sheldrakes *morphische Feldtheorie*, nach der eine telepathieartige Verbindung zwischen Organismen durch Raum und Zeit besteht.

Wir nächtigen in **Láchar**, wo unser in Calpe lebender Freund fast ein maurisches Schloss gegen seine Villa in Österreich eingetauscht hätte. Der Deal scheiterte. Der Besitzer wollte glatt tauschen. KD war auf Geld *on top* aus. Und da Gier bestraft wird, das durfte ich mit Peter oft lernen, legte er mit dem Haus in Österreich eine Nullnummer hin.

Peter zeigt mir den rötlich braun getünchten Koloss mit den goldfarbenen Ornamenten. Er sagt, der Besitzer hat noch ein Haus in Jávea. Er will jetzt nur noch segeln. Schön für ihn. Ich war dabei als Karl-Dieter den Kasten besichtigt hat, ziemlich spartanische Einrichtung, ihm schwebte eine Modelagentur a la *Star Search* vor. Er wollte wie bei seinen anderen Residenzen Toni Herner mit der Einrichtung beauftragen, die Räume mit schwulen Sofas bestücken. In jedem Schlafzimmer sollte eine *Bang & Olufsen* Hi-Fi- und TV-Anlage installiert werden. Ich werfe ein, jedem sein Ding. Mein Traum hätte weniger mit Medien-Schnickschnack zu tun. Bei mir gäbe es ein Wellness- und Kulturzentrum.

Der Schritt vom Esel zum Automobil geschah in vielen Regionen Südeuropas zu rapide. Autowracks und Verbotsschilder auf Autobahnzufahrten mit abgebildeten Traktoren, Fahrrädern, Reitern und Fußgängern zeugen davon. Wir verzichten trotz häufiger Staus zwischen Fuengirola und Marbella auf die Benutzung der Autobahn. Wir Wohnmobilisten regen uns über verstopfte Straßen kaum auf, da wir eh zu Hause sind und uns mal eben einen Tee oder einen Happen zubereiten können.

Im *La Cañada* Shoppingcenter erstehen wir eine Magnumflasche Schampus. Peter zeigt mir *Mannes Imbiss-Bar*. Erinnerungen werden wach: Der beleibte Schwiegervater des Besitzers verkaufte Ende der 1970er unsere Autos. Hugo hatte damals seinen Autoplatz auf der Spielbank verzockt. Der amüsante Erzähler erinnert mich stets an eine Figur von Balzacs *La Comédie Humaine*, jener fesselnden Bände, die ich in meiner Jugend alle verschlang. Jedem seine Sucht. Hugo würde einige Lacher generieren, sollte ich irgendwann die Autohändler der 1970er und 1980er Jahre verewigen.

Am Sylvesterabend helfe ich Susanne mit ihren *Spagetti Gourmet*. Auf unseren Gusto abgewandelt (ohne Schalentiere) findest du das Rezept unter *Kulinarisches*. Die 1½jährige Jolyne rennt mit ihrer Flasche Kakao und Cerealien in der Küche herum und freut sich des Lebens. Franco spielt mit den Figuren eines Räuberschiffs, die er glattweg mit denen der *Seaworld* Besucher verbündet. KD ruft an. Er hat einen Termin beim deutsch sprechenden Zahnarzt in Marbella und fragt, ob er mit Corinna ein paar Nächte bei Kenny schlafen kann.

Am Freitagabend sitzen wir alle um den runden Holztisch in der Küche. Bilder vom Junior gehen herum. Susanne sagt zu Corinna, Tavo hat deine Augen. Nein, erwidert diese, er hat die grünen Augen von Karl-Dieter. Der trinkt heute mehr Rotwein, als wir alle. Ein paar meiner grauen Zellen widmen sich der Binsenweisheit: *Geld allein macht nicht glücklich*. Oder hat er einfach nur Zahnschmerzen?

4.1. KD sitzt am Frühstückstisch, den Kopf auf die Ellbogen gestützt. Er schaut aus verquollenen Augen. Ich sage, du siehst nicht gerade happy aus. Isst du denn genug Frisches, hast du genug Bewegung? Corinna reißt die Augen auf und prustet mit hochgezogenen Brauen einen Kubikmeter Luft aus. Ich konstatiere, also gar nix. Wenn du deine Knochen nicht bewegst, schwinden sie, auch der Kiefer. Iss jeden Tag knackiges rohes Gemüse und deine Zahnprobleme sind *History*. Säuerndes greift die Zähne an. Grünzeug ist basisch und neutralisiert die Säuren. Ich war früher auch mehr beim Zahnarzt als im Kino.

Wer seine Knochen bzw. Kauwerkzeuge nicht bewegt, leidet irgendwann an Osteoporose.

Die Hausherrin kommt mit frisch gewaschener Blondmähne aus dem Schlaftrakt. Ich gehe mit ihr nach draußen, um die *5 Tibeter* auf dem Rasen durchzuführen. KD sagt,

machst du wieder den Brummkreisel? Susanne platziert die Filmkamera auf den Tisch, damit sie die Positionen später nachahmen kann. Als wir die *Brücke* beenden und zum *Berg* ansetzen, gerät Peter in Aufbruchsstimmung. Er will schnellstens nach Marokko übersetzen.

KD ruft nach draußen, eh, wenn du willst, bring ich dich mit deinem neuen Buch ins Fernsehen. Ich sage, ach, ich weiß nicht, ob das so viel bringt. Ich war mal bei Ingo Dubinski in der ARD-Wunschbox. Da sind meine Spirulinabücher vorgestellt worden. Aber der Verkauf war danach nicht sooo rasant angestiegen. Wegwerfend sagt KD, na ja, Spirulina, im Tonfall auf verheißungsvoll umschaltend, das Übersinnliche interessiert doch mehr Leute. Wenn das richtig aufgezogen wird... lass mal, ich schreib lieber, der Medienrummel ist mir lästig. Peter sagt, das gehört dazu, sonst kannst du es gleich lassen. Ich brauch keinen, der mir sagt, was ich tun oder lassen soll.

KD und Kenny sind Künstler im Tauschen. Als wir noch zu den Handelsleuten zählten, ging es stets um Autos, mal Neuwagen, mal Cabrios, mal antikes Blech auf Rädern. Unsere *Berühmtesten* waren Yul Brynners 300 SL Flügeltürer und Grace Kellys 190 SL.

Wir lösen uns immer mehr vom Begehren, der Leidenschaft, dem Konsumieren, den nichtigen Werten der Welt, die wir geschaffen haben. Wir üben derzeit das Loslassen und die Mäßigkeit. Das geht glänzend mit einem Appartement auf Rädern. Wir stehen frei, wo es uns gefällt, allein oder in Gruppen und erkennen: Wir brauchen nicht viel, um glücklich zu sein.

Auf dem Weg zur britischen Enklave sagt Peter, wir sollten auf der Rücktour KD besuchen und ihn auf seinen Vorschlag festnageln. Ich sage, ach ich weiß nicht. Peter sagt, lass doch, vielleicht kommen wir so wieder zu unserm Geld. Ich sage, schön wär's. Stell Dir nur mal all unsere anderen Außenstände auf einem Haufen vor... da hätten wir für die nächsten 20 Jahre ausgesorgt: João, Julio, der Jaguar und wie heißt der Polo spielende Lebemann, der uns die 150.000 Dollar schuldet?

Gibraltar, kleines Land und „kleine Welt"

Durch La Duquesa fahrend, entdecken wir den Kreisel, der zum Castell führt, wo wir gewöhnlich ein paar Tage am Strand stehen. Das Gelände, auf dem sich einst 6 bis 8 rote Katzen tummelten, ist inzwischen eingezäunt.

Weiter geht es auf der N 351 in Richtung La Linea. Der Felsen von Gibraltar liegt vor uns. Der um die Enclave gezogene Stacheldrahtzaun verbreitet die übliche Tristesse. Die Seilbahn ist wieder mal nicht in Betrieb. Doch die meisten Besucher kommen sowieso nur wegen der zollfreien Waren.

1998 schafften wir es, in 3½ Stunden um den Affenfelsen zu radeln. Nur im Tunnel mussten wir vom Drahtesel steigen und die Anhöhe zu Fuß nehmen. Als wir wieder im Hafen ankamen, sahen wir ein Pärchen mit zwei an Leinen geführten Minihunden am Schaufenster eines Bootshändlers stehen. Sie kamen mir bekannt vor. Waren sie Akteure in einem prophetischen Traum? Über die Vierbeiner kam ich in Kontakt mit den beiden. Die Unterhaltung mit Désirée, die Körper, Geist und Seele anregende Kurse gibt, brachte gemeinsame Bekannte zum Vorschein.

Peter deutete auf ein Boot in der Auslage und wechselte nonchalant das für ihn leidige Thema, das dann bei Robert Redford landete. Dieser besaß nämlich ein Boot, das in der Nähe des der beiden lag. Doch das Zusammentreffen war für mich arrangiert, denn wir waren schwuppdiwupp beim alten Thema,

als ich sagte, ich kenne die Haushälterin von Robert Redford. Sie ist Sannyasin. Hab sie öfter bei meiner Freundin Anda getroffen. Mit der war ich übrigens auch bei Hasya, der Frau des Produzenten von Der Pate. Sie leitet die Hollywood-Gruppe der Sann... Eh, ich kenne Hasya gut, unterbrach Désirée meinen Monolog freudig erregt mit funkelnden Augen. Jung wäre entzückt gewesen ob dieser Synchronizitäten am laufenden Band.

Kleine-Welt-Storys, sogenannte Zufälle zählen zu diesen von C.G. Jung benannten Phänomenen. Vielleicht hast du selber schon solche Synchronizitäten erlebt: Du arbeitest z. B. gerade an einem Projekt und wirst plötzlich auf geheimnisvolle Weise von allen Seiten mit Hinweisen und Impulsen bombardiert. Oder dir wird ein Thema nahegelegt, wie mir vor Jahren, nachdem ein mir bekannter Wasserforscher gestorben war. In der Folge schwirrten mir Bücher, Berichte, Einladungen und E-Mails über das Thema Wasser ins Haus. So konnte ich gar nicht umhin als ein Buch darüber zu schreiben. Unsere himmlischen Helfer sind stets bemüht, uns zu dienen und zu unterstützen. Folgen wir unserer Intuition, wird uns stets Hilfe zuteil.

Ich wähne stets, wenn ich Leute zufällig treffe, sie könnten von geistigen Helfern geschickt worden sein, um mich in meiner Arbeit zu unterstützen. Deshalb erzählte ich Désirée von meiner übersinnlichen Erfahrung mit meinen Urgroßvater und dass ich gern wissen würde, ob ich Verwandte in USA habe. Désirée meinte, ich solle nach Ellis Island fahren und dort unter den Namen der Einwanderer suchen. Das hatten mir Jocelyn Brando und zwei weitere Freundinnen aus der Filmbranche auch schon geraten. Aber er wird wohl kaum mit dem angenommenen Namen eingereist sein. Er hat sich sicher erst später Victor genannt.

Da besuchst du ein kleines Land und stellst

fest: Die ganze Welt ist ein Dorf. Seit ich mehr auf *Zufälle* achte, bereichern sie mein Leben. Geht es dir mitunter auch so, dass dein Telefon klingelt und du vorher schon weißt, wer am anderen Ende der Leitung ist? Oder du denkst an eine Person, die dir kurz darauf über den Weg läuft. Oder so:

Vor einigen Jahren trieb uns eine unerklärliche Hatz in 48 Stunden von Michelstadt nach Calpe. Wir schliefen im Hafen direkt neben dem Halteverbotsschild! Als wir morgens die Tür öffneten, kam ein Paar an. Die Frau sagte, Erbacher Kennzeichen, wo sind sie denn her? Peter sagte, aus Michelstadt. Sie erwiderte, wir auch. Ich sagte, ich bin eine geborene Holschuh. Sie rief, ach, das gibt's doch nicht. Ja, am Lachen sieht man es, die Frau Holschuh. Wir kennen ihre Mutter. Sie hat mal am Friedhof den Schlüssel im Auto stecken lassen. Sie hat bei uns geklingelt und gefragt, ob sie die Tochter anrufen dürfe. Da sie in der Nähe wohnen, hat mein Mann sie gleich zu ihnen gefahren. Wir sind jedenfalls die Neumanns. Ich sagte, und wir die Meyers. Ich glaube nicht an Zufälle. Vielleicht haben wir uns was zu sagen? Frau Neumann sagte, ja, merkwürdig, sonst laufen wir nie hier vorbei. Heute hat es uns mal in den Hafen gezogen. Einem Gefühl folgend sagte ich, ich hab es mit Gesundheit zu tun. Vielleicht haben Sie irgendwelche Probleme und ich kann mich eventuell für ihre gute Tat revanchieren. Erstaunt sagte Frau Neumann, ich leide wirklich in letzter Zeit unter Rückenschmerzen. Na, sehen sie, da sind Sie bei mir an der richtigen Adresse. Nehmen sie täglich 3 x 2 Spirulinapresslinge mit einem großen Glas Wasser. Das ist die Menge, die ein Freund braucht, um schmerzfrei zu sein. Er ist schon mehrfach an der Wirbelsäule operiert worden, da sie vom Schleppen schwerer Lasten stark abgenutzt
ist. *Zuvor hat er 3 x täglich die stärksten Tramal, zusätzlich Valoron und Novalgin-Tropfen genommen. An seinem Geburtstag hab ich ihm mal ein großes Glas Spirulina geschenkt. Er hat sich die Tabletten in sein Arzneikästchen einsortiert. Als die schweren Geschütze alle waren, hat Werner nur noch das „Grüne Gold" genommen und war überrascht, dass er keine Schmerzen mehr hatte. Es wäre ein Segen, wenn wir kaum chemische Arzneien nämen. Nicht nur wegen der Nebenwirkungen. Zwei Drittel der eingenommenen Medikamente werden mit dem Urin ausgeschieden und gelangen in Flüsse und Seen. Durch den Wasserkreislauf kommen sie in unser Trinkwasser. Das ist ja furchtbar.*

Ja, der Diplomingenieur Thomas Junker, *auch aus Erbach hat ein preisgekröntes Miniklärwerk gebaut. Er wollte den Verlauf einer radioaktiv markierten antibiotischen Substanz verfolgen. Dabei hat er entdeckt, dass 93 Prozent des Antibiotikums in die Flüsse gelangen würde!*

Die Episode in Calpe endete mit der Übergabe eines Glases mit Spirulina-Tabletten. Einige Monate später berichtete Frau Neumann: Es ging mir bald viel besser, und meine Tochter nimmt nun auch regelmäßig Spirulina.

Wir registrieren Koinzidenzen als seltsame Zufälle. Könnte es nicht sein, dass wir sie, einem Impuls folgend, nach einem nicht ins Bewusstsein vordringenden inneren Ablauf selber in Szene setzen? Verkehren wir telepathisch miteinander? Inszenieren wir diese Zusammentreffen? Oder führen uns geistige Helfer zu den Orten und arrangieren Situationen, die unseren spirituellen Weg forcieren?

6.1. In La Linea angekommen, folgt sogleich die übliche Prozedur beim Beschaffen zollfreier Sargnägel in Gibraltar, mal mit *Piagio*, mal zu Fuß. Danach nehmen wir die Gelegenheit wahr, auf butterweichem Asphalt

zu Inlinern. So lange, bis es zu dunkel ist, um auf die Gefahren achten zu können, die der Boden birgt. An einem gekappten Eisenstab hat sich im Vorjahr ein Hannoveraner Busfahrer einen Platten geholt. Nach dem Verdauen seines Malheurs war er indessen begeistert, wie preiswert und schnell eine Werkstatt in der Nähe den Ersatzreifen montierte.

Überfahrt und Einreise

Am nächsten Morgen *the same Procedere*. Sonst muss ich Peter zum Laufen überreden, aber zur zollfreien Enklave kann er gar nicht schnell genug kommen. Zum Glück konnte er sich das flüchtige Giftgemisch aus Ameisensäure, Ammoniak, Arsen, Blausäure, Formaldehyd, Kohlenmonoxid, Methanol bzw. Methylalkohol, Nikotin, Phenol, Stickstoffoxide, Teer und ca. 3000 weitere Gifte abgewöhnen.

Gen Hafen fahren wir links zur N 351 Richtung Algeciras bis zur Ausfahrt (Salida) 112 Poligono Palmones. Nach dem 2. Kreisel hinterm Carrefour-Parkplatz befindet sich die Agentur der STA Shipping & Transport.

Zu erkennen an den Wohnmobilen, die dort stets stehen. Es ist nach 10:00 Uhr. Wir wissen nicht, wann das nächste Schiff geht. In der Agentur frage ich zwei junge Frauen nach dem Gruppentarif. Peter geht zum Camper, um den Kfz.-Schein zu holen. Die Preise sind vom letzten Mal um €33 gestiegen. Das Retour-Ticket kostet pro Wohnmobil und zwei Personen jetzt 219. Gruppentarif 199. Juan Carlos taucht auf. Ich spreche die gestiegenen Preise an. Der Chef schaut auf seine Armbanduhr und sagt, es ist jetzt 10:20 Uhr. Das Schiff geht um 11:00 Uhr. Wenn sie mit €210 einverstanden sind...

Ich sage okay, gebe dem Mädchen meine Bordkarte vom letzten Jahr, damit sie die Daten des Fahrzeugs übertragen kann, packe €250 aus und tausche den Rest in Dirham. Mehr umzuwechseln ist nicht ratsam. Denn:

In Marokko ist der Wechselkurs besser.

Peter kommt mir entgegen. Mit einem Bin-ich-gut-Zwinkern sage ich, alles erledigt, wir müssen uns beeilen. Das Schiff geht in einer guten halben Stunde. Nun läuft alles sehr schnell ab: Einkaufen (Tipps im Anhang), zurück zum Hafen (Puerto Northe). Um 10 vor 11:00 Uhr hetzen wir als Letzte aufs Schiff, das rund 2½ Stunden braucht. Die Schnellboote schaffen die Strecke in 35-45 Minuten. Sie gehen gerade vor uns ab.

Die Fähre der *Trasmediterranea* wirkt mit geöffnetem Bug wie ein Hai vorm Angriff. Bei Kaiserwetter und ruhigem Seegang legt sie kurz vor 11:30 Uhr ab. Es herrscht reger Schiffsbetrieb rund um den Affenfelsen. Ich sitze an einem der weißen Plastiktische und schreibe. Peter schlendert mit dem Feldstecher von einer Seite zur anderen. Ab und zu knipst er hinter einem auslaufenden Schiff her.

Vom Tuckern, Schaukeln und alternierenden Schreiben und Aufschauen ist mir flau im Magen. Trotz ruhigem Seegang wird das Auf und Ab immer gewaltiger. Das Schiff ist randvoll und liegt beängstigend tief im Wasser. Wo sind auf Deck die Schwimmwesten? Während mir die Frage durch die grauen Zellen geistert, lache ich innerlich darüber.

Die Abberufung fürchte ich nicht. Nur der Gedanke, wie der Sterbeprozess diesmal sein würde, schleicht sich ab und zu ein. Ideal wäre, im Bett einfach so hinüberzugehen oder im Stehen zu sterben: wie ein vom Blitz gefällter Baum oder ein abgemähter Grashalm. Ohne quälenden Überlebenskampf. Ich denke an eine Bekannte mit der Nahtoderfahrung durch Ertrinken. Das sei gar nicht so schlimm gewesen. Das Gefühl, keine Luft mehr zu bekommen, halte nur ganz kurz an.

Wir gehen hinab in den Schiffsleib. Die Menschenschlange zeigt an, dass hier die Einreiseformalitäten für Personen abgewickelt werden. Gemächlich gleitet die Fähre auf den westlichen Eingang der Straße von Gibraltar zu. Die Sonne überzieht die weiße Stadt mit sanftem Glanz. Wir steuern auf einen futuristisch anmutenden Steg zu: **Tangers Special Entrance.** Das Ungetüm öffnet sein Maul und spuckt die Fahrzeuge aus. Ein ziviler Polizist kontrolliert die Pässe der Herausfahrenden. Wir folgen den anderen zur Zollabfertigung. Der Ablauf lässt in puncto Koordination noch Wünsche offen. Ein dreisprachiges Merkblatt wäre sinnvoll.

Im Wagen füllt man die grüne Einreisedeklaration fürs Fahrzeug aus und wartet, bis ein Offizieller in blauer Uniform sie einsammelt und die Pässe kontrolliert. Kommt er mit dem abgestempelten Papier zurück, muss eine der im Wagen reisenden Personen sich mit dem Pass zur polizeilichen Kontrolle begeben.

Immerhin fallen wir nach mehrmaligem Einreisen nicht mehr auf die hektischen Hilfswilligen herein, die versuchen, jedem Neuankömmling die Papiere aus der Hand zu reißen, weil sie sich ein paar Dirham verdienen wollen. Alles geht viel ruhiger zu als früher.

Wir verlassen das Hafengebäude,

halten uns links und fahren an der Ampel rechts Richtung Rabat bzw. Airport.

Einige hundert Meter weiter tanken wir beim Marjane-Supermarkt Diesel (Gasoil) für 56 Cents pro Liter (heute soll es ca. 80 kosten). Wir kaufen Obst, Gemüse, frischen Ziegenkäse und gewürzte schwarze Oliven. Ganze Berge von Oliven, Nüsse, Datteln und Feigen laden zum Probieren ein. Die Leute scheinen irgendwie besser drauf als früher. Die Reformen des jungen Königs scheinen zu greifen. Letztes Jahr fiel uns bereits die Veränderung auf. Vor 5 Jahren reagierten etliche Kinder aggressiv, sofern sie keine Bonbons bekamen. Seit Mohammed VI, kurz *M6* genannt, die Bevölkerung übers TV aufforderte, Touristen nicht zu belästigen, herrscht Ruhe. Auch die Analphabetenrate der Männer, die trotz knapp eines Viertels der Staatsausgaben für Bildung noch bei 43, die der Frauen bei 69% liegt, könnte bald rückläufig sein. Projekte werden ins Leben gerufen, wie z. B. jenes, das der Strandliegenverkäufer Mustafa unterstützt. Er braucht keine Steuern zu zahlen, da er zusammen mit anderen Unternehmern ein Internat finanziert, in dem rund 200 Kinder der Umgebung untergebracht sind. Mustafa berichtete darüber, als er bei uns saß und ein Mädchen zum Betteln kam. Er gab ihr 2Dh, legte ihr aber nahe, aufzuhören und zur Schule zu gehen.

Lastwagenfahrer blinken auf, um uns als Gäste zu begrüßen oder uns vor Kontrollen zu warnen. Peter legt eine alte Kassette von *Fleetwood Mac* ein. Sein ehemaliger *Sauf-Buddy* aus Malibu legt sich heftig ins Zeug. Wir fahren durch eine kleine Allee. Links taucht ein See, rechts der Atlantik auf. Eine Ziegenherde grast am Straßenrand. Junge dunkle Dromedare tummeln sich am Strand. Ein PKW-Fahrer blinkt. Peter setzt zum Überholen an. Ich sage, wart doch mal, da stehn bestimmt die Bullen. Diesmal hört Peter auf meinen Rat, sagt aber einen Wimpernschlag später genervt, jetzt überholt schon ein Truck. Ich hebe warnend meine Hand. Sekunden später rast auf der Gegenspur ein Bus auf den Laster zu. Kurz darauf steht besagter LKW nebst einem PKW am Straßenrand, wo sich Polizisten mit den Verkehrssündern befassen.

Asilah liegt wunderschön. Einige Camper rasten hier schon. Wieder warnt uns ein entgegenkommender Busfahrer vor einer Polizeikontrolle. Peter reicht es. Er fährt zur Autobahn. Doch die Strecke erweist sich als Umweg. Es ist kein Auto zu sehen. Auf der Standspur radelt uns ein junger Marokkaner entgegen. An der **Ausfahrt Larache** finden wir nach einem Kilometer auf der rechten Seite die beliebte **Raststätte (*Aire de repos*)**. Auf dem gastlichen Gelände kannst du dich unter dem prasselnden Nass der gratis Duschen erfrischen. Abends gibt es eine köstliche Suppe und andere einheimische Gerichte.

Diese gratis Übernachtungsmöglichkeit wurde von Hassan II, dem Vater von M6, als Geste der Gastlichkeit für Einheimische und Gäste gegründet, wie auch der Aire de repos Malabata in Tanger und der Aire de repos Kénitra in Nord Kénitra.

Fast alle Wohnmobilisten genießen die leckere **Harira Suppe mit Kichererbsen**. Sie holen sie in ihren Töpfen. Inklusive Fladenbrote kostet sie 20Dh = ca. €1,80 pro Topf.

Wir treffen Christina und Hartmut aus Lübeck. Sie gehören einer geführten Tour an. Mir kommt die Idee, Wellness-Touren durchzuführen, inklusive Reiki, GIE-Wasser und Spirulina für die Teilnehmer. Am Morgen genießen wir ausgiebiges Duschen und Haare waschen. Eine dick eingemummelte junge Marokkanerin lässt das Wasser für mich laufen, bis es heiß herausspritzt. Hadija sagt: *Malade. Sie deutet Frösteln an. Ihre Stirn ist lauwarm.*

Ich sage, werde nachher Reiki übertragen. Sie schaut fragend. Ich mache Zeichen auf ihre Stirn und rolle verschwörerisch mit den Augen. Beim lauten Denken schlüpft mir *Voodoo* über die Lippen, da ich nach einer ähnlichen Vorgehensweise suche. Hadija nickt lachend mit komplizenhaftem Augenaufschlag. Im Camper beginne ich sofort mit der Fernheilung. Später sehe ich die junge Frau. Ich rufe, Hadija, *Ça va? Malade fini?* Die Schöne strahlt mich aus der Ferne an.

Gegen 11:00 Uhr verlassen wir die Oase der Gastlichkeit, die manche Besucher eine ganze Woche lang genießen. Während ich die vorbeifliegenden Eukalyptuswälder, Baumschulen, Olivenhaine, Obstplantagen und Störche aufsauge, sichtet Peter ein aufgemotztes Geschoss von der *Rallye Dakar* in der für ihn eher eintönigen Ebene des marokkanischen Nordens. Natur und Technik, Duft und Gestank, Wachsen und Zerstören. Oft werde ich gefragt, wieso wir trotz gegensätzlicher Interessen miteinander durchs Leben gehen.

Wir wählen die Strecke über Casablanca und Marrakesch. Sie ist kürzer, und die Straßen sind besser.

Wer zum ersten Mal Marokko besucht, nimmt besser die interessante Küstenstraße.

Man sieht mehr von Land und Leuten. Die Bauern pflügen oft noch mit einem vor den Pflug gespannten Unpaarhufer. Beim Züchten von Erdbeeren und Tomaten haben sie zum Teil die spanische Unsitte der Plastikabdeckung übernommen. Marokkanische Landarbeiter schätzen sich glücklich, wenn sie in Spanien arbeiten dürfen. Bei der letzten Überfahrt sagte uns ein Erdbeerpflücker, dass er in Lepe in einem Monat soviel verdient, wie in Marokko in einem halben Jahr.

Um Rabat dominieren Pinienwälder und Kakteen. Wie auf Ibiza: rote Erde. Ibiza, Jugend, mir fällt eine **Übung gegen Hängebacken und Doppelkinn** ein. Nur selten denke ich daran, das Gewebe aufzubauen. So wie wir im Fitnessstudio unsere Muskeln vergrößern können, geht es mit Isometrik: Ich schiebe den Unterkiefer ganz nach vorn und oben, 5 Sekunden angespannt halten, loslassen. 10 Sekunden Pause. 10 x wiederholen. **Gegen Falten über der Oberlippe** soll das helfen: Oberkiefer nach vorn schieben und zur Seite hin anspannen: als ob du mit jeder Oberlippenseite die Ohren erreichen willst. Bei mir wirkt es mehr gegen Einschlafstörungen.

Bei einer der üblichen Polizeikontrollen winkt uns ein Polizist freundlich zu. Touristen werden selten angehalten. Allenfalls, wenn es ihnen gelingt, eine Bestechung im Bild festzuhalten. Auf der Überholspur unterhält sich der Beifahrer eines PKW mit einigen Männern, die sich neben ihm auf der Ladefläche eines Lastwagens zur Arbeit schaukeln lassen. Eine waghalsige Nummer, zumal die Bremslichter des Trucks versagen. Nicht weniger gefährlich die *Stunts* der Gemüseverkäufer, die auf der Standspur ihren Handel treiben. Ständig müssen wir mit überquerenden Fußgängern oder Mitfahrwilligen rechnen. Mitgenommene Anhalter zahlen dem Fahrer die Summe, die der Bus kostet.

An der Zahlstelle der Autobahn entblößt ein gut gelaunter junger Marokkaner zwei Reihen blendend weiße kräftige Zähne. Vor

Settat hört die Autobahn auf. Eine reizende Palmallee durchzieht die Stadt. Während wir 125 km vor Marrakesch eine idyllische Bergunterführung durchfahren, saust ein Zug über uns weg. Am Straßenrand bieten junge Männer wilden grünen Spargel und frische Eier von frei laufenden Hennen feil. Ein älterer Marokkaner streckt den Verkehrsteilnehmern ein an den Füßen zusammengebundenes Huhn entgegen. Offenbar ist dem Tier die Freiheit nicht gut bekommen. So regelt sich der Handel von selbst. Meterdicke Kakteenreihen grenzen Felder ab, damit Tiere nicht darüber trampeln. Früher spickte ich meine großen Blumentöpfe mit Kakteen, um unseren Kater Foxi vom Vorteil des Katzenklos zu überzeugen.

Déjà vu in Marrakesch

Der ansteigende Atlas drosselt die Fahrt, das letzte Licht vom Himmel verschluckt. Funkelnd schimmert Marrakeschs Lichtermeer durch die Bäume.

Wir passen auf, dass wir den Campingplatz 15 km vor der Königsstadt nicht verpassen. Nach der Tankstelle biegen wir rechts ein.

Ich bereite das Abendessen zu. Peter stellt die automatische Satellitenschüssel ein. Das übliche Surren, plötzlich bleibt sie stehenm, rührt sich keinen Millimeter mehr. Wir sind wieder mal ohne TV. Im Vorjahr gab die Oyster auf unserer Rücktour in Gibraltar den Geist auf.

Die Morgensonne streckt uns zaghaft ihre blassen Arme entgegen. Peter werkelt auf dem Dach und lockt Günther an. Wie stets, wenn geschraubt wird, sind Nachbarn da, um zu helfen oder zu lernen. Der pensionierte Heilpraktiker leiht uns einen Gabelschlüssel. Peter schraubt damit die Schüssel ab, die sich von allein nicht mehr bewegt.

Im Gewühl der rund 1 Million Einwohner zählenden Residenzstadt passen wir auf, dass wir nicht durch eines der gebogenen Tore in die Medina fahren. Im Vorjahr tappten wir genau in diese Falle und mussten die von einer zwölf km langen Mauer umgebene Altstadt auf der Einbahnstraße in Gegenrichtung verlassen. Deshalb machen wir einen großen Bogen um das Weltkulturerbe, schonen unsere Nerven und steuern gleich um die Ecke den

Parkplatz der berühmten fast 850 Jahre alten Koutoubia-Moschee

an. Die Polizei scheint hier sichergestellte Autos zu verwahren. Der Wächter verlangt 40 Dh und nimmt frech grinsend die 30, die Peter ihm hinhält, da es letztes Jahr nur 30 kostete.

Die rote *Perle des Orients* mit typisch berberischem Charakter gilt als eine der schönsten Städte des Maghreb. In der Medina besticht der farbenprächtige Souk oder Suq.

Der Markt ist als Handels-, Arbeits- und Begegnungsstätte wichtiger Bestandteil Orientalen Lebens.

Der Besucher kann das Entstehen von Waren bis zum Verkauf verfolgen. In Städten ist er eine feste Einrichtung. Auf dem Land gibt es nur Wochenmärkte. Die Gasse der Färber ist *die* Attraktion. Die Almoraviden nutzten den einstigen Karawanenlagerplatz als Truppenstützpunkt, von dem aus sie das ganze Land eroberten. Von den nachfolgenden Almohaden gibt es nur noch Reste von Gebäuden. Denn die nachrückenden Sultane sorgten stets für Vollbeschäftigung: Sie zerstörten die Paläste ihrer Vorgänger und ließen eigene bauen.

Während der Kolonialzeit herrschte Pascha El Glaoui über die Stadt. Nach dem Einmarsch der Franzosen 1912 arbeitete er mit diesen zusammen und verschaffte sich Vorteile. Als König Mohammed V. 1956 den Thron bestieg, war es mit der Macht des Paschas aus. Mir imponiert die Art, wie der Großvater des jetzigen Königs *M 6* auf den Wunsch der Nazis reagierte, als sie ihn aufforderten, die Juden im Lande auszuliefern. Er sagte: Juden? Wir haben keine Juden, hier leben nur Marokkaner.

Das Durcheinander der unterschiedlichen Völker ist verwirrend. Bei Unterhaltungen mit Einheimischen fällt aber auf, dass sie die Herkunft ihrer Familien sehr ernst nehmen.

Nach dem Brunch wechseln wir €100. Als ich das Geld wegstecke, schlüpft eine alte Bettlerin mit schwarzen Zahnstümpfen durch die Tür. Peter streift beim Hinausgehen ihr gelb geblümtes Gewand und sagt, gib ihr was. Statt des üblichen Dirhams drücke ich ihr eine 5-Dh-Münze in die Hand. Selig strahlen dunkel umrandete Augen.

Wir stürzen uns ins Gewühl der Souks, starten an der Nordseite des **Place Djemaa el-Fna**, auf dem einst die Köpfe der Hingerichteten aufgespießt wurden. Bei einem Textilhändler in weißer Robe, die bei uns als Nachthemd durchginge, fragt Peter nach dem Preis einer Flagge. Die Szene ist mir vertraut. Hatte ich sie schon mal geträumt? Peter sagt, *trop cher*. Der Mann mit der weißen Kappe auf dem spiegelglatten Haupt, wendet sich um und wühlt in seinen Stoffballen. Diesmal war es kein *Déjà vu* nach einem *Wahrtraum*: Der Händler legt wie vor 5 Jahren ein rotes Tuch mit gewebten grünen fünfzackigen Sternen auf den Tresen. Genau diesen Stoff kauften wir seinerzeit, um uns vor aggressiven Übergriffen zu schützen. Heute verwenden wir ihn allenfalls an Feiertagen als Tischdecke.

Wir stromern kreuz und quer durch Geflügel, Olivenberge, Kupferschmieden, vorbei an Teppichhändlern, Wollfärbern, Holzschnitzern. Inmitten von Leder-, Schmuck- und Teppichmarkt wird uns das Gedränge zu viel. Bloß raus!

Wir flüchten vor Gewürzhändlern und Quacksalbern am Rahba-Kedima-Platz, wo auf dem Sklavenmarkt Jahrhunderte lang schwarze Sklaven versteigert wurden.

Uns zur Koutoubia durchfragend, winkt nach 3 Stunden das Minarett. Die Sonne sprüht immer noch ihre Funken wie ein Ofen auf uns.

Am späten Nachmittag schlendern wir zum Platz *Djemaa* bzw. *Jemaa el-Fna* und gönnen uns ein Glas frisch gepressten O-Saft ohne Eis für 2Dh. Dutzende junge Marokkaner bieten das köstliche Getränk an den Ständen feil, die den belebten Platz säumen. Beim Überqueren der bunten Stätte der Gaukler und Marktschreier kämpfen wir uns durchs Gewühl von Nomaden aus der Wüste und Kamerabehängten aus aller Welt. Wir en-rinnen selbsternannten Führern, Bettlern und Wasserverkäufern. Neben dem Eingang des Souks schlüpfen wir durch die Tür des **Café Argana**. Auf der Terrasse im ersten Stock ergattern wir einen Tisch in der ersten Reihe und bestellen zwei **Whiskey Marrocain**. So wird der Minztee scherzhaft bezeichnet. Wir schnappen englische Wortfetzen auf. Plötzlich sagt Peter, hier sitzen wir schön auf dem Präsentierteller für Terroristen. Verstimmt über den gemeinen Gesellen, der ihn geritten haben muss, um unser Vertrauen zu untergraben, dauert es nicht lange, bis ich zum Aufbruch mahne. Angst vorm Tod weckt er kaum in mir. Doch drängen zerfetzte Arme und Beine vor mein geistiges Auge. Waren das schon Vorahnungen?

Am 28.4.2011 tötete eine Bombe in einem liegen gelassenen Beutel 17 Menschen, meist europäische Touristen, vorwiegend junge Franzosen. Das historische Kaffeehaus am *Platz der Gaukler* wurde zerstört, mehr als 20 Menschen wurden verletzt. Die Behörden gingen von einem Anschlag des El-Kaida-Terrornetzwerks aus. El-Kaida bestritt dies. Bei Wikipedia konnten wir über Gerüchte via entfernter Internet-Blogs lesen, dass der Angriff nicht von islamistischen Terroristen durchgeführt wurde. Der *modus operandi* sei mit Al-Qaida oder den Al-Qaida-Methoden inkongruent. Die

ferngezündete Bombe lässt an militante Gruppen der Regierung oder Parastaat-Organisationen denken. Die Gerüchte sprechen von einem Komplott der Regierung, um die Demonstranten des Arabischen Frühlings zu beschwichtigen.

Im instrumentalen Klangwirrwarr und Stimmentumult des Platzes fühle ich mich wohler. Über alles bläht sich wie eine Blase das erregte Murmeln der auf den Bänken vor den langen Tischen sitzenden Gäste der Garküchen. Der an meiner Nase vorbei wehende Duft von Cumin und Koriander lockt zum Schlemmen. Wir setzen uns auf die Bank einer dampfenden Heißküche, die mit den vielen anderen mobilen Kochplätzen konkurriert. Der Chefkoch hat sich ein Sträußchen Korianderkraut ans Ohr geklemmt. Allen bärtigen Männern ruft er Ali Baba zu und preist lautstark seine Leckereien an. Uns gegenüber am langen Klapptisch sitzen vier Berberinnen. Schwatzend laben sie sich an Gemüsegerichten. Wir bestellen Linsensuppe, gebratene Auberginen und Blattspinat. Oliven, Tomaten-/Zwiebelsauce und Fladenbrot bekommen wir zum Gedeck. Suppen und Gemüsegerichte kosten 5 Dh. Ich sage zu den unverschleierten Frauen Sem(m)el, das arabische Wort für Schwule ist in unserer Sprache ein Brötchen. Ohne Erfolg. Viele Berber verstehen kein arabisch. Wir lachen über verschleierte Bauchtänzer. Die närrische Art und linkische Bewegungen verraten die Männer. Wir wühlen uns durch die Menge. Eine Hand berührt flüchtig meinen Hintern. Kurz darauf wiederholt sich das wie unbeabsichtigte Streifen. Mir fällt ein, dass mir vor Jahren bereits die zupackende Art der Marrakeschi aufgefallen war. Ich mache mir den geistigen Vermerk, einen Kapuzenmantel zu kaufen. Denn, wer nicht als Tourist auffällt, hat vor Grapschern, Schleppern und Wasserträgern Ruhe. Letztere bestimmen in ihren roten Trachten und den riesigen, mit Glöckchen behängten Hüten das Gesamtbild des Platzes. Auch die Tänzer glänzen in grellroten Roben, an denen Quasten wippen. Leidenschaftlich und temperamentvoll wie Kosaken wirbeln sie über den für sie vorgesehenen Platz. Der Schlangenbeschwörer lockt mit eindringlichen Klängen seiner Klarinette die Kopra aus dem Korb. Zwei Marokkaner schauen in seine Richtung. Und schon legt er sich ins Zeug, auch sie zu beschwören. Oder die Igel, die in ihren Hosentaschen vor ihren Geldbörsen sitzen. Ich mime Desinteresse, um nicht auch zur Kasse gebeten zu werden. Dennoch sehe ich aus dem Augenwinkel wie sich die Cobra beim Aufsteigen wie in Trance hin und her wiegt. Der Klang von Kesseltrommeln, Rohrflöten und anderen Holzblasinstrumenten wirkt meditativ. Ich merke, wie ich langsam abhebe. Nur am Rande nehme ich die exotischen Stände wahr. Sie wirken wie ein Rahmen für die Darbietungen der Akrobaten und Musikanten. Fröhlich trällern ein paar Frauen den *Zagharit* für die gelungene Darbietung des Märchenerzählers. Ich denke an den Golfkrieg. Damals flimmerte öfters dieselbe Szene über die Mattscheibe: Moslemische Frauen drückten mit dem schrillen Intonieren der Zunge ihre Freude aus. Dies empfand ich als befremdlich, da ich noch keinen Kontakt zu ihresgleichen hatte. Wir entwickeln erst im Umgang mit

Menschen anderer Kulturen Verständnis. An den Verkaufsbuden gibt es duftendes Rosenwasser, Salben, sogar gebrauchte Gebisse, getrocknete Echsen, Pfoten, Häute und undefinierbare Gebräue. Sie sollen alles, angefangen von der Unfruchtbarkeit der Frauen bis zum Zipperlein alter Männer heilen.

Auf dem Weg zurück zum Camper kämpfen wir uns durch zahllose Menschen und Gefährte. Nur von fern nehme ich das Grölen und Hupen wahr. Peter zieht die Kamera. Sanft sage ich, nein, schau es dir nur an. War ich das eben, die gesprochen hat? Plötzlich fühle ich mich wie auf Wolken schwebend, wie nach meinem Feuerlauf. Wie in Ekstase drifte ich über den bevölkerten Platz durch eine anwachsende Menge junger Leute. Ich weiche Eselskarren, Mopeds und Pferdekutschen aus und ahne, dass Peter mir nicht nachkommt. Ich beobachte, wie er mich mehrmals im Gewühl übersieht. Das Finden von Dingen ist nicht Peters Ding. Ich überquere wieder die Mohammed V und laufe ihm entgegen. Vom Minarett der Koutoubia ruft der Muezzin die Gläubigen zum Gebet. Das Licht der untergehenden Sonne lässt alle Gebäude in altehrwürdigem Glanz erscheinen. Auch die Passanten, die zur kühlen Dämmerstunde vorwiegend in wollweißen, braunen und schwarzen Dschellabas auf dem breiten Bürgersteig flanieren, haben etwas Erhabenes. Die westliche Kleidung unter den langen arabischen Gewändern stört die Andacht nicht.

Auf einmal stehe ich im Bann der raunenden Menge in feierlicher Abendstimmung und fühle mich in diesem surrealistischen Ambiente als Akteurin eines Films. Fortgespült von den Wellen des Treibens bin ich außer mir vor Glück. Könnte es doch immer so sein! Wieso fällt es so vielen Menschen schwer, ihre Zeitgenossen zu tolerieren, wenn sie einen anderen ethnischen Hintergrund, andere künstlerische, geistige und moralische Werte oder einen anderen Glauben haben?

Der von Mohammed geschätzte Jesus riet, in uns selbst die Glückseligkeit zu finden und uns mehr zu vertrauen. Nähern wir uns wieder dem Wahren! In allen Nationen wurde viel Wissen angesammelt. Wir brauchen nur die Spreu vom Weizen trennen, das Wahre vom Dogma. Wir spüren es bis in die Fingerspitzen, wie wir optimal miteinander umgehen. Und wir wissen, ob etwas dem Ideal der Schöpfung entspricht oder nicht. Vertrauen wir auf unsere innere Stimme! Sie gebietet oder verbietet, unabhängig von Nutzen oder Vergnügen.

Wir alle haben ein Gewissen, *conscientiae,* dem es zu folgen gilt. Muss die Schöpfung verändert werden? Nein! Nur wir disziplinieren uns besser und leben in Eintracht mit ihr. Wir haben kein Recht, andere daran zu hindern, nach dem Ideal der Schöpfung zu leben. Indianer und Aborigines wurden als *Wilde* verachtet, entrechtet, geknechtet und ausgerottet. Sie wollten nicht nach der Bibel leben und lieber ihrem eigenen Kanal zu den himmlischen Wesen vertrauen. Sie teilten nicht die kolonialherrschaftlich materialistische Betrachtung des Landes, seiner Tiere und Pflanzen. Doch die Haupttriebfeder zum Genozid war die Habgier ihrer Häscher. Die Menschheitsgeschichte gründet sich auf Ausbeutung, Unterwerfung und blutige Reaktionen darauf. Immer wenn Blut im Spiel ist, nähern wir uns dem Fundamentalismus, der wiederum zu Fundamentalismus führt. Kreuzzüge, heilige Kriege, nie wird es gelingen, das Übel durch etwas anderes als durch Geduld und Toleranz zu meistern. Wir haben eine Wahl! Und unsere eigenen Handlungen haben Folgen!

Wir sind ein Energiefeld, dessen Bewegung im gesamten Universum einen Widerhall hat, für den wir verantwortlich sind und den wir verdient haben. Wir sind keine Opfer des Schicksals, sondern bekommen das Echo unseres ausgeübten freien Willens zu spüren.

Nach dem Prinzip Auge um Auge, Zahn um Zahn zu handeln, kann also keineswegs das Wahre sein. Unsere Bestimmung ist, über viele Inkarnationen hinweg verzeihen zu lernen und den guten Willen zu entwickeln. Alle großen Religionen und Weltanschauungen gehen im Ursprung ihrer Lehre davon aus: Der Kreislauf des Übergangs von der geistigen in die materielle Welt und umgekehrt, ist notwendig. Im Gegensatz zum Kirchentum ist auch dem Christentum die Reinkarnationslehre bekannt. Im V. Ökumenischen Konzil in Konstantinopel (553), dann erneut im Konzil zu Lyon (1274) und im Konzil zu Florenz (1439) verurteilte die Kirche sie aufs schärfste. Ihre Anhänger wurden verfolgt und oft hingerichtet, da eine Lehre über die Selbstbestimmung des Menschen die Autorität der Kirche untergraben würde. Wenn Jesus lehrte, es bedürfe zur Seligkeit keiner Tempel, sondern allein des guten Willens jedes Einzelnen, heißt das: *Gottesdienst* ist der Dienst am Nächsten. Das frühe Christentum, die Hindus und Buddhisten Jahrhunderte v. Chr. glaubten an die Reinkarnation. Und wir täten gut daran, uns erneut auf diese Lehre einzulassen. Denn:

Müssen wir damit rechnen, dereinst in einem anderen Körper wieder ein Leben auf der Erde zu fristen, gingen wir mit ihr und ihren Bewohnern pfleglicher um.

Und wieso sollten wir nicht reinkarnieren? Gerecht wäre es allemal und auch folgerichtig. Tulpen kommen auch immer wieder, die Zwiebeln wachsen und vermehren sich, aus Raupen werden Schmetterlinge, wieso soll das Wiederkehren in einem anderen Körper ein größeres Wunder sein? Auch beweisen viele Psychotherapeuten und Psychiater, dass sich ihre Patienten in Hypnose an frühere Leben erinnern und diese oft auch nachgeprüft

werden konnten. Wir reinkarnieren so lange, bis unser gutes Wollen uns endgültig der ersehnten Erleuchtung entgegentreibt. Bis wir die tiefe Wahrheit in den Worten *Liebe Deinen Nächsten wie Dich selbst* erkannt und praktiziert haben. Teilen wir also unsere Gaben, unsere Achtung, unsere Rücksicht. Bieten wir an, was wir haben, geben wir unser Wesen, unsere Art. Zuwendung können wir alle geben, auch Arme. Besonders Eltern denken besser daran: Liebe zählt mehr als Geld.

Die wissenschaftliche Welt hat betont, dass prinzipiell nichts, *was vorhanden ist, in eine Nichtexistenz übergehen* kann. Daher kann auch kaum die Rede davon sein, dass unser Bewusstsein aufhört zu existieren. Hingegen besteht es im Anschluss an das Ereignis des Todes ohne Unterbrechung weiter. Das Selbst bzw. das Seelisch-Geistige entsteht und lebt mit dem biologischen Körper zusammen. Folglich wird es nach dem Ereignis des Todes in einer neuen Daseinsform, entsprechend der Umgebung, in der es sich befindet, sein Leben weiterführen: im Diesseits oder im Jenseits, wobei das eine vom anderen untrennbar ist.

8.1.: Vom Parkplatz der Koutoubia biegen wir links in die Mohammed V ein, fahren geradeaus, passieren schmiedeeiserne Podeste an Kreisen, bis zum Schild, das geradeaus nach Casablanca, links nach Agadir und Essouira weist. Am Stadtausgang die übliche Polizeikonkontrolle: Uniformierte winken uns vorbei. Auf schnurgerader, im Teerglanz flimmernder Straße passieren wir fröhliche junge Leute in westlicher Kleidung. Vor uns liegt majestätisch der Hohe Atlas mit einer spinnwebfeinen Zuckerkruste überzogen. Die weiß gepuderten Gipfel glänzen in der Mittagssonne. In den *Queds* jede Menge Flusssteine, aber kein einziger Tropfen Wasser. Aus einer Kurve schleudert uns ein weißer Peugeot entgegen. Zum Glück sind die Fahrbahnränder breit. Doch auf dem Schotter rüttelt der Hymer bedenklich. Peter sagt, wir müssen bald mal wieder die Schrauben kontrollieren.

Herrliche Mandelblüte. 128 km vor Agadir geht es bergab. Noch können wir die prächtige Bergwelt des *Hohen Atlas* ein weiteres Mal genießen. Die verschneiten Kuppen rücken immer näher. 99 km vor Agadir streift uns ein mit Stroh beladener Lastwagen. Die hoch getürmten Biomassen erinnern an einen Fesselballon. Mulmig bestaune ich das passierende Wunderwerk der Ladetechnik und denke an einen Bildband mit aus dem Rahmen fallender Gefährte. Auch Karren und Krafträder sind oft so gepackt, dass sie 3 bis 5 mal höher und/oder breiter sind. Unterhalb der schneebedeckten Bergkette heben sich gestochen scharf grüne Arganienbäume von roter Erde ab.

In der Gegend um den Ort Argane bieten Straßenhändler das wertvolle Arganöl in gelben Plastikflaschen an.

Die Pharmaindustrie verarbeitet es in Salben gegen Neurodermitis. Innerlich hilft Fructooligosaccharide (F.O.S.), am besten in etwas Aloe-vera-Saft. Das Arganöl wird von einer Frauenkooperative in einem mühseligen Prozess gewonnen. Die Ziegen klettern in die Bäume, um die Früchte zu fressen, wenn der trockene Boden nicht mehr viel Nahrung bietet.

Wir passieren einen Stausee: stummer Zeuge des weltweiten Problems Wassermangel. Auf einem japanischen Kleintransporter wackelt eine zweistöckige Eigenbau-Konstruktion in der Kurve. Oben ein verletzter Hammel, der sich um Balance bemüht. In jeder Linkskurve rutscht sein Bein aus der löcherigen Verkleidung. Wieder überholt uns ein Transporter mit einem entmannten Schaf. Das Hammelfest steht bevor. 38 km vor Agadir lassen wir die herrliche Welt der Berge hinter uns. Der Tacho zeigt 3.500 gefahrene Kilometer an.

Meine Mutter ruft an: Habt ihr vom Erdbeben in Teheran gehört? Ja, die Iraner verlegen ihre Hauptstadt besser in ein erdbebenarmes Gebiet. Wenn Teheran so wackelt wie Bam gibt's Tote in Millionenhöhe. Meine Mutter sagt, ich war bei meinen Mietern. Nushin hat sich wegen ihrer Verwandtschaft Sorgen gemacht. Ich sage, eh, Nushin ist von Teheran? Ich dachte, sie wäre von Tel Aviv. Hoffentlich ist sie nicht sauer. Ich hab sie im Buch von Israel kommen lassen. Tja, Papier ist geduldig.

Vor meinem geistigen Auge zieht das Beben vom 17.1.94 vorbei, eins der Stärksten in der seismologischen Geschichte. Weit weniger Menschen müssten sterben, wenn überall wie in USA gebaut würde. Wir wohnten damals im *Little Tel Aviv des Valleys,* ca. 700 Meter von einer Erdbebenwarte entfernt. Experten aus Indien, Australien und anderen Ländern staunten über die geringen Schäden in unserer Gegend, zumal sie weit höhere Erschütterungen gemessen hatten als offiziell angegeben. Der kräftigste Erdstoß, der um 4:31 Uhr wie ein D-Zug durch unser Schlafzimmer ratterte, wurde mit unter 7 beziffert. Wäre er richtig als über 7 eingestuft worden, hätte Onkel Sam uns per Gesetz mehr finanziell helfen müssen. Doch

auch so war das Northridge-Beben eine der kostspieligsten Katastrophen der letzten 30 Jahre. Es zerstörte 11.000 Gebäude. Zum Glück gab es nur 60 Tote. Viele davon waren einem Schock bzw. Herzleiden erlegen. In Steinhäusern wären Tausende umgekommen.

Zweitheimat Bananendorf

Der Ausgangspunkt aller Reisen innerhalb Marokkos liegt vor uns. Die ca. 650.000 Einwohner zählende Hafenstadt Agadir wächst rasant, seit ihrer fast völligen Zerstörung im Jahre 1960. Nicht nur uns ziehen Erdbebengebiete magisch an. Nach dem Motto: *No Risk, No Fun.* Doch was ist so reizvoll? Das Klima und die gutgelaunten Leute!

Auf der westlichen der drei parallel verlaufenden Hauptstraßen, dem Blvd. Mohammed V, passieren wir einen älteren Radfahrer. Er stützt sich auf die Schulter eines jungen Mannes mit Mofa, um an dessen PS zu partizipieren. Wir halten an der Ampel, während neben uns ein weißer PKW bei knallrot drüber fährt, trotz des unübersehbaren Polizisten, der wild gestikulierend hinterher pfeift. Doch die Blechkiste rast weiter den Berg hoch. Der Ordnungshüter trägt es mit Fassung.

Unter uns breitet sich der größte Fischereihafen Marokkos aus. Hier werden Sardinen eingedost und zusammen mit Orangen, Bananen und anderen Agrarprodukten des Sous-Tals auf Frachtschiffe verladen. Die purpurrote Sonne nähert sich dem Meer. Die Wellen klatschen unaufhörlich gegen die Felsen. In Aourir, besser bekannt als **Banana Village**, biegen wir nach der Brücke links ab: Richtung Qued. Bevor wir das ausgetrocknete Flussbett erreichen, fahren wir rechts in die ummauerte Einfahrt. Für umgerechnet 1 € lassen wir den Frischwassertank füllen. Es ist eine Freude, wie nett die jungen Leute mit uns Älteren umgehen! Der Jüngling, der uns das Wasser einfüllt, ruft lächelnd, bonjour Madame, streckt mir seine Hand durchs Fenster und fragt, wie es mir geht. Bon! Merci. *Ça va?* Damit erschöpft sich mein französisch nahezu. Mein vorpubertärer Altersstar hielt mich davon ab, freiwillige Fächer zu belegen. Wer jemals eine Buchseite mit einem Fadenzähler gelesen hat, weiß, was ich meine.

Als wir vor 5 Jahren Wasser holten, war der junge Mann 12 Jahre alt. Seine Geschwister kamen stets aus dem Haus gerannt, wenn Camper auftauchten. Fanden wir nichts Süßes, gab er dem kleinsten Mädchen, das noch nicht gelernt hatte, seinen Frust zu tolerieren, ein Bonbon. Dieses Erlebnis brachte mir meine eigene Kindheit nahe: Anfang der 50er wuchs ich ähnlich auf. Da es unseren Nachbarn nicht besser ging und das Fernsehen noch keine Bedürfnisse weckte, nahm ich keinen Mangel wahr. Im selben Mietshaus wohnte auch so ein einfühlsamer Junge. Für mich war Rolf Broich ein Vorbild. Einmal, als ich beim Spielen mit größeren Kindern all meine Murmeln verloren hatte, griff er in die Hosentasche und hielt mir seine hin. Mein Gerechtigkeitssinn ließ es zwar nicht zu, sie zu nehmen, aber durch sein Angebot stieg er in meiner Achtung. Der beste Freund meines Bruders bereicherte nur kurz unser Leben. Er zog mit seiner Familie nach Hürth-Köln und ließ einen traurigen Jungen zurück.

Liebevoll und einfühlsam zu sein, sind heute kaum vermittelte Werte. Doch, nur im tiefen Empfinden liegt das wirkliche *Erleben* des Menschengeistes. Es löst geistige Energiewellen aus, die dann vielfach verstärkt wirken. Derzeit sind wir dabei, durch unser Empfinden Resignation oder Wut zu verstärken. Dem menschlichen Geist mag nicht bewusst sein, dass Empfindungen von Mangel oder Neid gleichartige Gedanken stimulieren. Unser Geist hat durch den Anschluss an die kosmische Energie, durch das Gesetz der Anziehung, großen Einfluss auf die Welt. Wir tragen somit Verantwortung und sind daher besser reinen Wollens und streben nach Tugend und Gerechtigkeit. Lassen wir uns von unserer inneren Weisheit leiten und ändern, was unehrenhaft ist, holen wir alles aus uns heraus, was wir zu bieten haben und steigen auf!

Wir könnten gleich mal mit der Gleichberechtigung der Geschlechter beginnen. Der junge Mann wirkt zwar nicht so, wie viele in Büchern dargestellte Muselmanen. Doch die Erfahrungsberichte der von ihnen misshandelten Frauen sind erschreckend und beschämend. Moslemische Frauen und Mädchen beneiden oft ihre Ziegen und Esel, weil ihre Männer und Brüder diese weniger schlagen und erniedrigen. Auch erwartet man von vielen Frauen, dass sie ihre weiblichen Neugeborenen töten. Ein erschütternder Lebensbericht ist der von Souad aus Westjordanland. Sie wurde von ihrem Schwager *bei lebendigem Leib* mit Benzin übergossen und in Brand gesetzt. Was hatte sie verbrochen? Sie verliebte sich in einen jungen Mann aus der Nachbarschaft. Dieser verführte sie während sie die Schafe hütete. Er versprach ihr die Ehe. Doch als sie schwanger war, ließ er sich nicht mehr blicken. *Sie* habe damit ihre Familie entehrt. Brutalität gegenüber dem weiblichen Geschlecht gibt es überall. Nicht immer hat es mit Religion und Tradition zu tun. Aber besonders bei Anhängern Mohammeds ist der Irrglaube tief verwurzelt, Männer seien Frauen überlegen und könnten mit ihnen machen, was sie wollen. Tragisch ist auch, dass Eltern ihre Kinder als Besitz betrachten und sie oft schon im Kindesalter gegen ihren Willen verheiraten. Die türkisch-deutsche Soziologin Necla Kelek öffnet uns die Augen über diese moderne Sklaverei im Inneren des türkischen Lebens in Deutschland.

Traumhaft zartlila dämmert der Abend. Der Hymer rumpelt am Friedhof vorbei Richtung Teufelsfelsen. Das Stützlager knarrt kritisch. Wir müssen ein neues über den ADAC ordern. Zum Glück haben wir einen Schutzbrief.

Die Deutsche, Madame Sigi, führt in Agadir eine ADAC-Stelle, Nahe dem Campingplatz.

In den Schränken scheppert und klirrt es. Wir entdecken den 911er von Uschi und Jürgen, mit denen wir im Vorjahr 2 Wochen lang diesen zerklüfteten malerischen Strandabschnitt teilten. Wieder genießen wir zur viert den freien Blick auf den blaugrünen Atlantik. In Fontänen spritzt das Wasser aus den Kratern. Hier gefällt es uns besser als auf der Platte, die sich in *Grufty City* und *Hymer 1–3* aufteilt. Uschi sagt, Willi und Gerti sind auch da. Sie stehen mitten im Pulk. Ich weiß, wir haben uns gesimst. Morgen pilgern wir mal zu den Massen.

9.1.04: Nach einem ausgiebigen Brunch laufen wir am Strand entlang zur Platte, um die beiden in der Nähe von Wien Beheimateten zu besuchen. 1998/99 hatten wir mit ihnen in den Kakteen gestanden und unsere in den nahe gelegenen Schluchten geborenen Welpen hochgepeppelt. Mit einem Mal tauchen die Bilder wieder auf:

Sandy, mit ihrer Mutter tollend, und auch ich, mich ganz in Mutterschaft verlierend: Mit leichtem Schlaf und erstmaligen Hitzewallungen wachte ich über des Welpen Blase. Tanz der Hormone. Licht dehnte sich mein seine Hüllen sprengendes Herz aus. Meine Handgelenke litten unter Sehnenscheidenentzündung vom Heben des Hundebabys. Raus, rein, zigmal am Tag. Dies hielt mich davon ab, dem hier preiswerten Sport zu frönen, bei dem man mit dem Stock eine Kugel in ein Loch schlägt und sogar noch einen Caddie zugeteilt bekommt, der von Golf erheblich

mehr versteht als man selbst.

Sindi begrüßt mich mit feuchten Küssen. Sie hatte seinerzeit viel Pflege nötig. Flöhe und andere Parasiten belagerten in Scharen ihr Fell. Ich stell mir Sandy feinstofflich bei uns vor. Nahe der Österreicher stehen Gottfried und Gisela. Sie kommen zur Begrüßung. Und wieder verlebendigt sich Vergangenheit:

*Zwischen dem Camper der beiden Sachsen und dem Clou von Loni und Karl aus Oberbayern hatten wir uns in der knapp 1000 km südlicheren UN-Stadt Laayoune hinter Häusermauern verschanzt. Drei lange Tage heulte der Wind über unsere Köpfe hinweg und legte einen gelben Schleier über Häuser und Autos. Der tonnenweise durch die Luft gewirbelte Sand brannte wie Nadelstiche auf der Haut und fraß sich durch die kleinsten Ritze unseres Hymers. Seither gibt er sich als zeitloses Reiseandenken die Ehre. Ich lernte das Symbol der Unterdrückung schätzen: Der Schleier schützt vor Wind, Staub, Gestank oder Abgasen und verbirgt Falten. Lesen ging nur bei Kerzenschein. Der über die Sonne gespannte gelbliche Schleier verhinderte, dass sich die Solarzellen aufluden. Dann nervten noch jede Menge Flatterheimer. Lonis Mittel gegen Flie-*gen *half: Wir brauchten sie nicht mal zu killen. Sie ertränkten sich in einem Kamikaze-Sturzflug selbst. Peter füllte ein Marmeladenglas mit viel Spüli und Wasser, schüttelte und hielt die verhängnisvolle Lauge im Abstand von 1-2 cm gegen die Decke, wo sich die Insekten am liebsten aufhielten. Sie hüpften ganz von allein ins Glas. Die gleich mit dem Bad nach draußen geschütteten Zappler, konnten sich wieder aufrappeln.*

Bevor der Sandsturm tobte, standen wir direkt am Strand neben dem Anwesen des Gouverneurs. Von dort trottete morgens ein ziemlich dusseliger einjähriger Rüde an und spielte mit einer wilden Hündin und unserer

Sandgeborenen. Dabei konnte ich feststellen, wie ausgebufft sie mit ihren 3 Monaten schon war. Die beiden größeren Hunde stritten sich um einen Knochen. Der bullige Rüde vergrub ihn und wachte an der Stelle. Die Braune versuchte ihn zu stehlen. Smarty spielte die Desinteressierte. Urplötzlich lief sie auf eine drei Meter entfernte Stelle zu und buddelte wie geisteskrank, so dass die Pfoten nur so rauchten. Beide Hunde näherten sich neugierig. Kurz darauf flogen sechs Pfoten durch die Luft. Als die Piesepampel in ihrem Element waren, trottete Sandy mit imaginär erhobenem Mittelfinger seelenruhig zu der Stelle, wo Bully den Knochen vergraben hatte. Sie zog ihn zum Vorschein und machte sich über ihn her. Die beiden Artgenossen tappten bedeppert heran, gaben sich aber geschlagen und ließen unseren Intelligenzbolzen die gebleichte Röhre bearbeiten. Da Sandy an meinem Geburtstag, 2 Monate nachdem mein Vater seine leibliche Hülle verlassen hatte, das Licht der Welt erblickte, wähnte ich schon, dass mein alter Herr uns ein Kurs in Hundeliebe gibt. Er hätte gern selber einen Vierbeiner gehabt. In **Laayoune** *hatten wir die Gelegenheit, ein gewöhnliches Wohnhaus von innen zu sehen. Loni, Karl, Peter und ich waren zum Couscous bei einem ungleichen Paar mit zweijährigem Sohn eingeladen; sie Mitte 20, er in meinem Alter, aber kaum noch Zähne im Mund. Es gibt keine Betten. Geschlafen wird auf bunten Decken, die tagsüber zum Sitzen dienen. Morgens werden sie zusammengefaltet und mit den Kissen an den Wänden übereinander geschichtet. Besonders beeindruckend die automatische Waschanlage: Durch eine quadratische Öffnung in der Fkurdecke prasselt der Regen. Der etwas abschüssige Gang reinigt sich so von selbst.*

Gottfried holt mich in die Plattenrealität zurück. Er hat einen Roman geschrieben und bittet mich, ihn zu *beurteilen*. Tags drauf sitze ich im Klappsessel vorm Camper und lese sein Werk des Genres *Sience Fiction*, als mich ein Strandverkäufer jäh von Andromeda reißt. Ich zucke sichtlich zusammen, wie eine zu sehr mit Effekten befrachtete Schauspielerin. Der hübsche Junge mit blonden Rastalocken ist selbst ganz erschrocken über meine Reaktion. Er entschuldigt sich mit überzeugend gefühlvoller Mimik, die sein Mitleiden ausdrückt: Sorry, I didn't want to... Ich unterbreche ihn lachend, it's okay, don't worry. Hätte uns ein *Casting Director* von Hollywood gesehen, wären wir vom Fleck weg engagiert worden.

Uschi besucht mich zu einem Schwätzchen. Die Endfünfzigerin ist ein guter Empfänger. Wie gestern erscheint sie auch jetzt wieder, kurz nachdem ich an sie gedacht habe. Während sie sich mir gegenüber an den Tisch setzt, schaue ich auf ihre Hände. Die flotte Fränkin spreizt neckisch ihre Finger vor meiner Nase. Jeder Nagel weist eine andere Farbe auf, blau, gelb, grün, pink ..

Ich frage, haste schon mit meinem Buch angefangen? Uschi sagt, ja, am besten hat mir das mit Nena gefallen. Wo du schreibst, es sollten mehr ehrliche, authentische und weniger machthungrige Menschen regieren. Ich sage, Nena hat das Buch vielleicht schon vor dir gelesen. Wie das? Sie ist mit Barbara Simonsohn befreundet, die mich zum Windpferd Verlag gebracht hat. Hab ihr zwei Bücher zu Weihnachten geschickt, eins für sie, eins für Nena. Hab bei einem TV-Interview erfahren, dass es der Pop-Lady ähnlich ging wie mir. Ich konnte als Kind meine Eltern auch wie in einer Seifenblase optisch verkleinern.

Uschi fragt, fahrt ihr nächstes Jahr wieder nach Marokko? Ich sage, wahrscheinlich. Sie sagt, viele Camper wollen nicht mehr nach Afrika. Ich deute mit ausgestrecktem Arm nach draußen: Das sieht aber nicht so aus. Es sind doppelt so viele da wie letztes Jahr. Allerdings wird die Angst vorm Irakkrieg der Grund... kokett ihre von der Sonne gesträhnten Zöpfchen nach hinten werfend unterbricht sie mich, es kommen viele neue dazu, aber die alten sind marokkomüde. Im Moment ist Südamerika angesagt und Australien. Ich nicke beipflichtend, ja, da wollen wir auch noch hin.

Die smarte Fränkin sagt, wir haben schon gebucht. Die **Überfahrt mit dem Schiff nach Südamerika** von Hamburg aus dauert 4 Wochen und kostet einfach für zwei Personen mit Auto €3.900 inklusive Kabine und Verpflegung. Da krieg ich Peter nie und nimmer drauf, *viiier Wochen!* Uschi sagt, man kann aber in einigen Häfen an Land gehen. Jedenfalls da, wo man kein Visum braucht. Das kannst du vergessen. Um die Welt könnte ich mit Peter segeln. Aber auf einem Ozeanriesen fühlt er sich gefangen. Er wäre fast mal ertrunken. Wir fliegen besser rüber, kaufen uns ein Womo und fahren Euch entgegen. Oder so, wirft Uschi langmütig ein. Ich frage, wie lange wollt Ihr denn bleiben? Sie zuckt mit den gebräunten Achseln, ein oder zwei Jahre. Boah! Na, jedenfalls wirst du unter den Einheimischen kaum auffallen. Mit deinen hohen Wangenknochen und der Frisur gehst du locker als Indianerin durch. Meine Schützenoffenheit ignorierend, sagt die Fränkin, vielleicht fliegen wir zwischendurch mal heim. Ich sage, eigentlich sollten wir zuerst Australien besuchen, dort waren wir noch nie. Wir haben Bekannte in Perth und Freunde in Surfers Paradise, die uns mal in L.A. besucht haben. Und Harald Tietze lebt in der Nähe von Melbourne. Er hat uns vor kurzem in Michelstadt besucht. Schreibt auch Bücher. Vielleicht kennst du seinen Bestseller über Kombucha. Uschi zieht die Brauen nach oben und die Mundwinkel nach unten, um anzudeuten, dass sie es mit der Gesundheit nicht so hat. Sie fragt, weißt

du, wie du es in Australien machen musst? Kann's mir denken. Man kauft ein Womo in Perth und verkauft es an der Ostküste in der besten Saison. Uschi nickt anerkennend und sagt, genau so. Übrigens: Junge Leute können dort bis zum 27. Lebensjahr ½ Jahr lang jobben.

Als Uschi gegangen ist, notiere ich das Gespräch und denke über meine Arbeit nach. Unterwegs kritzele ich Erlebtes ins Sudelbuch. Zu Hause brüte ich dann über den Hieroglyphen. In meiner modernen kokonartigen Existenz geht mein soziales Leben überwiegend digital vor sich. E-Mails sind ja so kommod. Auch das *Bloggen* konnte ich inzwischen lernen. Unter www.marianne-e-meyer.com setze ich öfters aktuelle Artikel ins Netz. Seltener werde ich eingeladen, Vorträge zu halten oder mal im TV aufzutreten. Da meine Zunge oft dem Verstand meilenweit vorauseilt, fühle ich mich beim Formulieren in geschriebener Form behaglicher. Meist freue ich mich vorm Einschlafen schon auf die glückselige Tortur der Wortschöpfung und das Kommunizieren mit meinen Lesern, für deren Feedback ich mich an dieser Stelle herzlich bedanke!

Schreiben kann jedem nutzen: Beim Notieren der Erfahrungen können wir uns von Scham, Schmerz und Schuldgefühlen befreien! Plagende Selbstzweifel machen nur krank. Lyrik wirkt meditativ. Du kannst tapfer sein, Verlogenheit bekämpfen und dich trösten. Nutze die kostenlose Therapie, die dich zum Lachen oder Weinen bringt! Ich träume davon, wie Gauguin auf einer Insel im Südpazifik zu arbeiten und vergesse bei meiner Suche nach dem Paradies ganz, dass ich es längst gefunden habe: hier und jetzt am Strand von Taghazout, hinter meinem Windfang lesend oder schreibend, unter mir die tosende Brandung des Atlantiks. Der Wellenschaum klatscht weiß sprühend gegen das zerklüftete Gestein des Teufelsfelsens.

Den ganzen Morgen bastelt Peter an der Toilette herum. Seit er vor 4 Jahren für 220 DM einen Entlüfter erworben und eingebaut hat, gibt es keinerlei Probleme mehr mit dem Klo. Dies war nach der Luftfederung die beste Anschaffung seit dem Erwerb des Campers. Nun fahren wir guten Gewissens odeur- und chemiefrei durch die Lande. Doch heute Morgen hielt ich plötzlich den Drehknopf in der Hand. Wir hatten gegen eine Regel verstoßen:

Niemals Unkundige auf die Toilette lassen!

Der holperige Zugang zum Meer trennt uns von Rita und Hans. Letzterer in Bayern geborene Schwabe war zehn Jahre lang Tankstellenbetreiber. Wenn Leute sich an seiner Zapfsäule bedienten, ohne einen Zerquetschten in der Tasche zu haben, saugte er mit einem Schlauch die giftige Brühe wieder aus dem Tank. So handelte er sich im Lauf der Zeit eine chronisch-lymphatische Leukämie ein. Mit dieser Autoimmunerkrankung lebt er seit 20 Jahren meist munter und vergnügt vor sich hin. Sein Geheimtipp: Er verspeist jeden Tag drei Kumquat-Früchte (Fortunella) von seinen selbst gezüchteten Zitrusbäumen. Man kann auch täglich ½ Glas Rote Beete Saft oder rote Muttersäfte bzw. „Grüne Lebenselixiere" (Halima Neumann) trinken. Dennoch quälen ihn die Leukos ab und an. Wenn er dann die chemische Keule schwingt, wird er miesepetrig, und wir machen besser einen Bogen um ihn. Vor 12 Jahren lernte Hans seine lustige Lebensgefährtin auf einer Reise im Rotelbus kennen. Rita hatte kurz zuvor ihren Mann durch Krebs verloren. Bei unseren langen Strandläufen und Bergwanderungen wächst unsere Zuneigung zu der molligen Berlinerin. Wir entdecken jedes mal neue Gemeinsamkeiten. Kein Wunder: Sie ist Zwilling, Aszendent Waage, ich Schütze, Aszendent Zwilling und Peter Wassermann, Aszendent Waage. Der Aszendent wird durch die Position des Tierkreises im Moment der Geburt festgelegt. Und das dann aufgehende Sternzeichen beeinflusst den Charakter.

Ich schlendere über den mit Sand und Geröll bedeckten Ausläufer der hohlen Gasse zu Rita und Hans. Ihr Rucksack ist vom Einkauf im nahe gelegenen Tamrakht prall gefüllt. Hans schließt die Tür des *LMC* auf und sagt, erleichtert seufzend, ach, am Hühnerweg ist's doch am schönsten. Wieso Hühnerweg? Hans sagt schmunzelnd, sind dir noch nicht die Frauen aufgefallen, die wie betrunkene Hühner die Schlucht runter wanken? Ich hab noch keine beschwipsten Hühner gesehen. Hans klemmt die Daumen hinter die roten Hosenträger, die seine schwarze in Agadir gefertigte Krachlederne halten. Er sagt verschmitzt, als ich noch ein frecher Lausbub war, hab ich Brot in Whiskey getunkt und die Hühner damit gefüttert. Die sind dann mit ausgebreiteten Flügeln gelaufen, damit sie die Balance halten konnten. Viele der hiesigen Damen stellen sich genauso an.

Scherzend gebe ich zurück, frech bist du immer noch. Apropos Huhn, kennt ihr den Laden, wo die Hühner rumlaufen, bis es ihnen an den Kragen geht? Rita sagt, ja, da haben wir mal eins gekauft. Die kosten knapp 3 € pro Kilo. Sie werden lebend gewogen, dann Rübe ab und in die Rupfmaschine. So frisch bekommst du nirgendwo ein Huhn. Das stimmt, wenn ihr wieder eins kauft, komm ich mit. Ich kann kein lebendiges Tier aussuchen und es dann mausetot in Papier gewickelt heim tragen; Peter auch nicht. Er hat gesagt, dann esse ich lieber immer nur Nudeln mit Olivenöl.

Im Camper male ich mir die Szene mit all ihren Schrecken erneut aus. Dabei wird mir klar, dass ich nicht mal dabei sein möchte, wenn andere ein Huhn kaufen. Zwar geht es den Tieren in der zum Laden eingerichteten Garage besser als unseren Batteriehühnern.

Sie haben zu den Verkaufszeiten stets frische Luft und Sonne. Die Kunden sorgen für Abwechslung, wenn sie Eier, Brot und Gemüse kaufen. Doch jeder Eintretende könnte der verlängerte Arm ihres Henkers sein. Das Töten ihrer Artgenossen, ihre Schreie bekommen sie mit, wie die Rinder und Schweine in den Schlachthäusern das mit Brüllen und Quieken verbundene Massaker miterleben. Manchmal werden die Tiere noch zuckend gehäutet. Die Hindus glauben an die ausgleichende Gerechtigkeit, nach der die Seele eines die Tiere unnötig quälenden Metzgers im nächsten Leben im Körper eines Schlachtviehs wiedergeboren wird. Schwer darzulegen. Aber: Kannst du das Gegenteil beweisen?

Ich sitze auf der Treppe des Womos, starre zum Teufelsfelsen und spüre die Kraft des Atlantiks. Unter mir tost die Brandung wie das jüngste Gericht. Die dunklen Brecher klatschen mit Getöse an die Felsen. Meterhoch zischt die Gischt über das Gestein. Eine Gedankensternschnuppe huscht vorbei...

Mit fiebrigen Krämpfen liege ich im Schoß meiner Oma und höre an- und abschwellende Geräusche, die an das Blasen eines Widderhorns erinnern. Dabei habe ich Visionen von Erd- und Feuerwalzen, die immer wieder aufbrechen und weiter drehen.

Peter ist mit dem Roller unterwegs. Er besorgt Holz zum Reparieren der Besteckschublade. Da es sich schon um ein ausgetauschtes Teil handelt, hat er die Nase voll von deutscher Wertarbeit. Jürgen kommt, um Peter zu helfen. Die Arme vor der Brust verschränkt, sagt er: Am besten ist, man macht alles selbst. Seinen Mercedes F 911 hat er auch allein ausgebaut. Mit einem Augenzwinkern dreht der Hauptmann den Kringel seines Schnauzers nach und sagt verschmitzt, vor einem halben Jahr hab ich mir sogar einen abgebrochenen Zahn mit Sekundenkleber an-

geklebt. Hat wunderbar gehalten. Mein Zahnarzt hat mir zu Notreparaturen geraten. Du kannst dir auch provisorische Füllungen mit entsprechend haftenden Materialien verpassen. Als Globetrotter kann man zum Generalisten werden. Du bekommst Tipps zum Reparieren, Heilen und Weilen. Einer der Gründe, weshalb Zugvögel auf Rädern länger leben, als vor der Glotze versauernde *Couch Potatoes*. Nachdem die Schublade fixiert ist, befördert Peter den Hauptmann zum General.

Hans kommt zur Tür, als ich gerade die abgewandelte Form der Krebsdiät einer bekannten Wissenschaftlerin herstelle. Er fragt erstaunt, was machst du denn da, wozu brauchst du soviel Leinöl? Ich zähle 6 Esslöffel ab, vermische sie mit 300 g Ziegenfrischkäse, gelbem Leinsamen und scharfen Gewürzen. Ich sage, das ist die Öl-Eiweiß-Kost von Johanna Budwig, nur nimmst du da Quark. Die Dame ist schon mehrfach für den Nobelpreis nominiert worden. Hans sagt, Leinöl nehme ich nur zum Holzstreichen. Das wäre aber gut für dich. Probier's mal, vielleicht kannst du deine Leukos damit zähmen. Es schmeckt besser als du denkst. Das isst Peter sogar freiwillig. 2 Esslöffel davon in einen tiefen Teller, eine Tomate und eine halbe Gurke dazu. Schon ist eine erstklassige Mahlzeit fertig.

Dr. Budwig hat 40 Jahre lang Krebskranke mit der Öl-Eiweiß-Kost behandelt. 90 % ihrer Patienten konnten sich damit heilen.

Ich halte ihm die gelbe Pampe auf einem Teelöffel hin. Hier probier mal. Der Schwabe wehrt ab: I mag jetzt nix.

Am Wochenende haben wir von unserem bevorzugten Standplatz in der ersten Reihe zum Strand Gelegenheit, die Gepflogenheiten der Einheimischen in der Freizeit zu studieren. Rauchschwaden hängen in der Luft. Jugendliche grillen am Strand. Ein Marokkaner trommelt, die übrigen Jungen und Mädchen klatschen rhythmisch in die Hände, schwatzen und lachen. In der Nähe haben sich ein Dutzend junger Männer ein Fußballfeld in den feuchten Sand geritzt. Zwei Steinhäufchen auf jeder Seite markieren winzige Tore, die von allen Spielern bewacht werden. Ein Rottweilerwelpe rennt auf mich zu, gefolgt vom schlitzäugigen Herrchen mit Surfbrett. Er fragt, darf Lea bei ihnen bleiben? Klar, *wenn* sie bleibt. Wie kommt es, dass sie so gut deutsch sprechen? Ich hab in Köln gelebt. Meine Freundin ist noch da, kommt aber bald nach. Ich bin seit 2½ Monaten in Agadir, hab schon ein Appartement, suche noch eine Lokalität für ein Restaurant. Na, da können wir ja nächstes Jahr mal ihre asiatische Küche testen. Da das etwa 6 Wochen alte Hundi ständig ausbüchst, gehe ich zu den Nachbarn und mache sie mit Lea bekannt. Irgendwann liegt sie bei einem deutschen Paar mit grauem Pudel friedlich pofend unterm Wohnmobil. Ein Marokkaner mit zutraulichem Papagei kommt vorbei. Wir reden über Politik und Geschichte. Der Militärangehörige scheint in der Schule anderes gelernt zu haben als ich. Das ist mir schon öfters in Gesprächen mit Bürgern anderer Nationalitäten aufgefallen. Bevor er geht, lädt er Peter und mich zu sich nach Hause zum Couscous-Dinner ein.

Heute erhoffen sich die fliegenden Händler bessere Geschäfte als unter der Woche. Der Nussverkäufer im blauen Baumwollkittel hat seinen einstudierten Auftritt: Die Endungen von *Noix* und *Cacahouète* schnellen in quiekendem „i" hoch. Dann brüllt der graugelockte Berber etwas, das *Amande* heißen müsste, da er außer Hasel- und Erdnüsse nur noch Mandeln feilbietet. Es klingt aber eher wie eine Kuh vorm Melken. Voriges Jahr weihte er in den Dünen seinen Jungen in die Raffinessen des Nussverkaufens ein. Er übte mit ihm sämtliche Tonlagen.

Sozialkontakte und Sozialreformen

Wie eine Leiche auf Urlaub schleicht der spindeldürre Marokkaner mit seinen ledernen Kamelen und in Bernstein gefangene Insekten heran. Seine vergilbte Pergamenthaut wirkt wie einem Totenschädel übergezogen. Er hält mir einige Silberketten und Armreife hin. Ich frage lachend, soll ich den Magneten holen? Echt Silber oder nicht, mir ist nicht nach Kaufen. Doch der arme Mann mit seiner großen Familie tut mir leid. Ich frage Peter, wollen wir nicht unsere schweren Campingstühle loswerden? Gute Idee. Peter zerrt gleich die bunt gepolsterten Teile aus dem Alkoven und stellt sie vor den Camper. Wie die aufgehende Sonne strahlt der Verhärmte über eingefallene Wangen und freut sich riesig über die gut erhaltenen Stühle. Zwei nimmt er gleich mit.

Ein Glimmstängelschnorrer taucht auf. Unter Lamento hält Peter ihm den *Marlboro Medium* Karton hin. Er seufzt, ich hab bald selber keine mehr. Besser kauf ich mir die einheimische *Marquise* für 15 (heute 19) Dh, damit die Jungs mir die bevorzugte Marke nicht wegrauchen. Einige Marokkaner fragen auch mal nach Whiskey oder Bier. Es ist nicht ratsam, den Wächtern diesen Wunsch zu erfüllen. Sie sollen auf unsere Autos aufpassen, nicht schlafen. Wir zahlen bis zu €1 pro Nacht. Nur bei den Brits am Fischerhaus hat sich

sich noch keiner vom selbst ernannten Überwachungsgewerbe durchsetzen können. Moderner Kolonialismus? Momentan kaufen die Insulaner die Pyrenäenhalbinsel auf, derweil sie noch die von Maggy Thatcher 1984 durchgesetzte Reduzierung britischer EG-Beiträge genießen. Solange die Franzosen Milliarden für den chemischen Ackerbau aus den Subventionstöpfen der EU schöpfen, werden die Briten weiterhin auf ihrem Rabatt bestehen.

Bei der Hatz europäischer *Mächte* um die Aufteilung von *Haschhausen* sind die Niederländer Hauptrivalen. Die Franzosen halten sich fern. Ihre Väter waren beim Aufteilen von Afrika Konkurrenten der Briten. Sie hatten sich in West- und Nordwestafrika ein Kolonialreich aufgebaut. Fast alle stehen am Teufelsfelsen, auf der Platte, dem Campingplatz oder in Agadir. Sie meiden im Allgemeinen die Nähe der Brits. In der Brandung hüpft ein kleiner Catamaran auf und ab. Schon drifte ich gedanklich in den Wellen der Siebziger Jahre aufs offene Meer hinaus.

Meine Begleiter Peter und Jürgen hängen bei steifer Brise in den Seilen eines 16er Hobycats. Wortspielereien sind nicht beabsichtigt, obwohl die beiden schon heftig dem Wodka Lemon zugesprochen haben und etwas müde wirken. Der offene Segler zischt mit Karacho über die Gischt weit draußen vor der Bucht des kanarischen Puerto Rico. Die Boys streifen fast in einer Linie mit der Deckkante das Wasser, als Steuermann Jürgen unbeabsichtigt eine Halse provoziert. Anstatt vorm Wind zu wenden, kentern wir und klatschen in die kalte See. Mit geborgtem gelben Nasszeug und zu großen Stiefeln treibe ich ab. Krampfhaft versuche ich, die lockere Fußbekleidung durch Hochziehen der Zehen festzuhalten. Die Sorge um das fremde Gut und der Adrenalinstoß lenken mich vom Gedanken an jene Haie ab, als deren Geburtshelfer wir im Jahr zuvor agiert hatten.

Damals waren wir auf einem kommerziellen Fischerboot hinausgefahren. Die Eigner fingen ein trächtiges Hai-Weibchen. Die Babys wurden zum Großteil durch die peristaltische Welle ausgetrieben. Das restliche Dutzend mussten wir holen und schütteln, bis sie das Maul aufsperrten. Zwar sind die Jungen überlebensfähig, doch die Hälfte wird gewöhnlich von größeren Fischen gefressen.

15 dieser jungen Haie mochten in meiner Nähe geschommen sein. Aber meine ganze Sorge galt den gelben Stiefeln. Solange, bis uns ein einheimisches Fischerboot in der Abenddämmerung sichtete. Die Männer kamen näher. Just als sie mir den Rettungsring zuwarfen, fielen mir die Raubfische ein. Ich wartete erst gar nicht ab, an Deck gezogen zu werden, sondern hangelte mich am Seil in Nullkommanix bis zu den Planken hoch. Erst als ich die Oberfläche des Schiffs unter mir spürte, wurde mir die Gefahr bewusst, der ich gerade entgangen war. Ich zitterte am ganzen Leib, die Zähne klapperten. Zwei der Fischer versuchten, den Katamaran wieder aufzurichten, ein Dritter flößte mir ½ Flasche Rotwein ein, um mich zu wärmen. Die beiden schafften es zwar allein, doch ich nahm mir vor, die Leute, denen ich mein Leben anvertraue, künftig genauer unter die Lupe zu nehmen.

Bei unserem Gewaltmarsch vom Teufelsfelsen nach Taghazout schauen wir bei Werner und Renate vorbei. Die Wahl-Straubinger haben vor sieben Jahren Tina, eine hübsche marokkanische Hirtenhündin adoptiert. Nach dem Begrüßungsgebell liegt sie nun friedlich unterm Camper. Auf dem angrenzenden Busch sitzt eine kecke Haubenlerche. Werner schwärmt vom portugiesischen **Avis** (N243):

Der Campingplatz in Avis kostet nichts. Sogar Strom und warme Duschen sind umsonst.

Ich frage, wie geht das denn? Der Besitzer ist ein alter Kommunist. Ihm gehören 2 Tankstellen, 2 Supermärkte und eine Gaststätte. Klingt eher wie Kapitalist. Werner sagt, er ist der Auffassung, wenn die Leute bei ihm tanken, einkaufen oder essen, sollen sie etwas zurückbekommen. Sie fördern seinen Reichtum. Die Campinganlage ist quasi der Rabatt. Ich sage, dies bestätigt das kosmische Gesetz, nachdem wir durch Geben reich werden. Auf seiner tiefsten Ebene ist das Leben ein Verteilen von Geschenken. Das lernt man vor allem beim Campen. Hier blüht noch der **Tauschhandel**. Dabei geht es stets um elementare Dinge.

Bei den heutigen Löhnen wäre eine Tauschgesellschaft nach Art des *Währungswunders* von Wörgl sinnvoll: Ein Tiroler Bürgermeister fand im Wirtschaftskrisenjahr 1932 eine Lösung gegen die Not seiner 400 arbeitslosen Gemeindemitglieder. Er gab *Arbeitsbestätigungen* aus, die in Geschäften wie normales Geld akzeptiert wurden. Durch aufzuklebende Marken sollte die flüchtige Währung, deren eigentlicher Erfinder der Geldreformer Silvio Gesell (*Der Abbau des Staates*) war, umlaufgesichert sein. Bald waren die Gemeindekassen mit rückständigen Steuern gefüllt. Es herrschte ein reger Bauboom. So lange, bis, wie zuvor bei Freigeldexperimenten in Erfurt und Ulm die Behörden einschritten und dem *Wirtschaftswunder* ein jähes Ende bereiteten (Klaus Rohrbach: *Freigeld*).

Mitunter kann auch eine Schocktherapie heilsam sein, wie durch das *Kiwi-Wunder* erfahren. Bei dem bisher radikalsten Umbau eines Wohlfahrtsstaates kippte Neuseeland Mitte der 80er seine soziale Hängematte um, ließ über 50.000 Beamte herauspurzeln, strich nahezu alle Subventionen und zwang die Bürger wieder zur Eigenverantwortung. Ergebnis der Radikalkur: Niedrigste Arbeitslosen- und Krankheitsraten.

Nicht um glitzernde *Versage*-Fummel und Designertaschen zum Preis eines gebrauchten Autos. Auf dem Rückweg treffen wir einen weiteren Werner. Der Friedberger Psychotherapeut führt seine Rüden Prinz und Leo aus. Wir berichten vom kostenlosen Campingplatz. Das ist in Portugal nichts Besonderes. Das gibt es im Landesinneren noch öfters.

Ein auf die wahre Natur des Menschen zugeschnittenes Sozial- und Wirtschaftssystem kann jedoch der Kommunismus nicht sein, da der Mensch seine Individualität und Kreativität ausdrücken will. Er strebt danach, seine eigenen Vorstellungen zu verwirklichen und sich Privilegien zu verschaffen. Dennoch:

Jedes Individuum hat den größten Nutzen, wenn es der Allgemeinheit gut geht. Dies setzt eine chancengleiche, funktionierende Wirtschaft voraus.

Wie etwa die des goldenen Mittelalters (Karl Walker: *Das Geld in der Geschichte*). Dann könnten die brasilianischen Besitzenden ihre 4½ Milliarden US-Dollar sparen, die sie jährlich für Sicherheitsdienste ausgeben, um Ihren Besitz vor Besitzlosen zu schützen. Wie ist zu verhindern, dass die *Happy Few* horrende Summen anhäufen und den Regierungen den Marsch blasen, während die Massen leiden? Wie die Geschichte beweist, ist es möglich, dass es allen Menschen gut gehen kann.

21.1. Wie jeden Mittwoch besuchen wir Renate und Majid in ihrem Haus. Es thront auf dem Hügel hinter dem polizeilich bewachten Kreisel am Marktgelände des Bananendorfes. Renate führt im Sommer den Nürburger *Lindenhof,* in dem die Racer und Zuschauer feucht-fröhliche Feste nach den Rennen feiern. Mitunter landen die Zecher in einem der Zimmer des Gasthofs. Peter hat die beiden durch die Rennfahrerei kennengelernt. Seit dem Vorjahr ist das Haus mit Blick auf den Atlantik um 2½ Etagen gewachsen. Renate und Majid, die sich im *ClubMed* in Agadir kennen lernten, wollen später nach Marokko ziehen und nur im Sommer nach Deutschland fahren. Ähnlich schwebt mir das vor, falls das Golf-Projekt am Grenzfluss, in das Peter Anfang der 90er investierte, etwas abwirft.

Wir erklimmen die Dachterrasse. Renate zeigt uns die Räume des 27-Betten-Gästehauses mit vorgebauten Balkonen. Wir blicken auf das Palastgelände des unweit residierenden Scheichs. Ist der Saudi anwesend, stehen um die kilometerlange rote Mauer über hundert Wachposten. Hohe Sicherheitsmaßnahmen sind der Preis immensen Reichtums. *M6* nimmt es weniger ernst mit seinem Schutz. Er fährt öfter inkognito auf dem Motorrad. Wir haben den König mal auf Jet-Skiern nahe einer Yacht vor Taghazout beobachtet. Seine Regierungsleute fürchten sich vor Überraschungsbesuchen: Laut *Radio Camping* sei es einem Minister ans Leder gegangen, da er sich statt im Amt auf dem Golfplatz aufgehalten habe. Der Presse war zu entnehmen, dass *M6* Driss Basri feuerte. Der verhasste Innenminister war unter der Diktatur seines Vaters *Hassan-II* der Mann fürs Grobe.

Renate sagt, wir haben heute kein Wasser. Jauchzend vor Entzücken beobachte ich, wie einige Zicklein in ungebändigter Lebensfreude ungelenke Sprünge vollführen. Renate nähert auch dem Küchenfenster und freut sich mit mir über die Jungtiere des Schäfers, der seine Herde auf dem Hügel weiden lässt. Plötzlich sagt sie, eh, kein Wunder, dass wir kein Wasser haben. Sie deutet nach unten, da sprudelt es in den Graben. Es quillt unaufhörlich aus dem gebrochenen Rohr. Am Strand bildet sich ein See. Majid, ruf doch mal an und melde den Wasserschaden. Ach, das hat doch längst einer gemacht. Die haben doch alle kein Wasser. Ich sage, wenn jeder so denkt, habt ihr morgen noch keins. (So war es. Majid meldete den Rohrbruch am Donnerstag. Niemand hatte sich gekümmert. Alle dachten, Allah wird's

schon richten). Renate zeigt mir den Garten. Der Birnbaum ist winzig. Ja, hat aber schon zweimal 2 große Birnen getragen. Kaum zu glauben. Doch, sagt Majid, eine durfte sogar in die Eifel zur 87-jährigen Mutter Daun. Nach ihrer Familie ist der Kneippkurort benannt worden. Hm! Das Klima von Agadir ist wie das von L. A. Dort hatten wir auch Avocados, Orangen und andere Zitrusfrüchte, wilde Feigen und Yukkapalmen. Die fleischigen Blüten der Yukka sind übrigens eine Delikatesse der Chicanos. Sie essen sie mit Rührei. Das wusste ich nicht, dass man die essen kann. Ja, die essen sogar Kakteenblätter. Irgendwann las ich mal in *der L.A. Times*:

Die Krebsrate der Kalifornier ist um zwei Drittel höher, als die der aus Mexiko stammenden Bevölkerungsgruppe. Reis mit Bohnen ist eben doch ein gesünderes Gericht als Hamburger und Steaks.

Peter mahnt zum Aufbruch, wir wollen zum Markt. Wir stellen den Motorroller wie üblich am Eingang vorm ersten Zelt ab. Bei einem Trödler, der seine Waren teils auf einer Plastikplane, teils im Sand feilbietet, suchen wir aus einem Haufen gebrauchter Eisenteile 6 verrostete Heringe aus. Nach zähem Feilschen und viel Gelächter aus teils zahnlosen Mündern zahlen wir 15Dh. El Patrone sackt das Geld ein und spendiert einen alten Fetzen Papier. In dieses wickelt sein Enkel die knapp 30 cm langen, kleinfingerdicken Heringe. Damit können wir die Satellitenschüssel in der Erde befestigen. Wir wollen auch noch zwei Säure-Solar-Batterien in der Metro kaufen.

In Marokko kannst du als Tourist unter Vorlage des Reisepasses eine Tageskarte für den Einkauf im Metro-Großmarkt erhalten.

26.1. Auf dem Weg nach Agadir werden wir zum ersten Mal auf unserer Reise von Polizisten angehalten. Wir sind, wie alle, zu schnell gefahren. Sonst wurden immer nur die anderen gestoppt. Ausgerechnet heute, wo wir unter Zeitdruck stehen. Wir haben um 9:30 Uhr einen Termin bei Fiat, um die Teile zum Reparieren des Stützlagers zu ordern. Jetzt ist es bereits 9:37 Uhr. Ich ziehe den Fahrzeugschein hinter der Sonnenblende vor, reiche ihn durchs Fenster und frage, Passport? Der Polizist sagt, *no* und schaut bedenklich ernst. Deshalb greife ich nach meinem Buch. Das Farbfoto auf dem Cover zeigt mich mit einer Marsha-Hunt-Gedächtnisfrisur. Ich lache und sage, *je auteur*. Er reagiert nicht. Ich sage, *écrivain ... écrire de Maroc*. Das ist alles, was ich in 5 Sprachen sagen kann: *I'm a writer, soy escritor, mi scrittore*. Ein zweiter Polizist kommt dazu. Er erkennt, dass der Name auf dem Buch dem des Fahrzeugscheins entspricht. Nun lächeln sie. Einer sagt, *aaah, écrivaaaiin* und leiert etwas in anerkennender Färbung herunter. Intuitiv nehme ich sein Vergnügen über das Buch auf, das ich über Marokko schreibe. Uns freut es hingegen, einer Strafe entgangen zu sein. Peter fand meine Show peinlich. Aber anders wären wir nicht ohne Strafe davongekommen.

Wie Spreu im Winde

28.1. Wir sitzen in lauer Mondnacht bei leichter Bewölkung vorm Camper. Hie und da funkelt ein Stern durch die traumhaft schönen Gebilde, die der Mond und die vorbeihuschenden Wolken formen. Peter sagt, ich vermisse die Stimmung am Lagerfeuer vom letzten Jahr am Fischerhaus. Ich sage, dann lass uns doch einfach morgen abhauen und rüberfahren. Er sagt, da gibt's jetzt keine guten Plätze mehr. So einen Blick wie hier haben wir dort nicht. Ich schaue über den blau-weiß gestreiften Windfang, den uns ein fliegender Händler aufschwatzte und frage, was denkst du, wie viele Fischerboote sind da draußen? Ich sehe 12 Lichter. Peter sagt, ach, da holen wir doch mal Vaters *Seeadler*. Mit dem antiken Fernglas zählt er 37 Lichter, aber es sind größere Boote mit mehreren Lichtern. Peter sagt, einige der Camper haben Knarren dabei. Ich hätte auch lieber eine. Du weißt was ich von Waffen halte. Peter senkt seine sonore Stimme nachdrücklich: Bisher waren wir nie in einer Situation, wo wir eine gebraucht hätten. Aber wir kommen jetzt in ein Alter, wo wir nicht mehr so kämpfen können. Von *Radio Camping* hab ich gehört, dass einigen Kollegen vor ihren Augen die Reifen zerstochen wurden. Wir haben ja noch Pfefferspray, die *Mac Light*, Hammer, Messer... mit der Knarre ist das einfacher, unpersönlicher. Ich glaub nicht, dass ich mit einem Hammer auf einen einschlagen könnte. Wenn ich in Lebensgefahr wäre, könnte ich das schon. Zumindest mit einer Bratpfanne. Als ich mal mit Renate Schuster und Tochter auf Ibiza war, schliefen die beiden im Bett vor der Dachterrasse. In der Nacht weckten sie mich. An der Tür sei ein Geräusch gewesen. Ich blieb cool, zog meine Stiefel an, um mich besser verteidigen zu können. Mit der Gusseisenpfanne bewaffnet, betätigte ich vorsichtig den Riegel und öffnete die Tür. Draußen war es ganz ruhig und wir legten uns wieder schlafen. Peter sagt, die Samtstimme um eine Oktave gesenkt, mein Vater hat mich mal brutal verprügelt, weil ich mich mit einem Fahrradschlüssel gewehrt hatte. Einer der Jungs wollte mich erwürgen. Die anderen grölten alle zustimmend. Er hat mir die Luft abgedrückt... ich hab ihm einfach ins Gesicht gedröhnt. Wie alt warst du da? will ich wissen. Er sagt, 6 oder 7. Hast du deinem Vater gesagt, dass du dich nur verteidigt hast? Einsilbig presst Peter hervor, er hat das nicht akzeptiert. Der Vater des Jungen kam zu uns nach Hause. Du weißt, wir hatten den Wein- und Tabakgroßhandel. Gereizt sage ich, das Geschäft war ihm wichtiger als Gerechtigkeit, *das Mensch-heitsproblem*. Nachsichtig sagt Peter, das war damals nicht einfach. Wir waren ja nur wegen des Kriegs auf Gut Moorbek. In der Landschule haben fünf Klassen in einem Raum gesessen. Die Bauern mochten keine Stadtkinder. Wenn du von der Stadt kamst, warst du ein Arsch. Und wenn ein Bauer zu dem *königlichen Kaufmann* kam... er war auf die Kunden angewiesen. Ich sage, mein Vater hat uns nie geschlagen. Ein einziges Mal wäre ihm fast die Hand ausgerutscht, als ich meinen Bruder zum Schulschwänzen verhelfen wollte. Ich schüttelte das Fieberthermometer verkehrt herum, um die Temperatur zu erhöhen. Es fiel auf den Boden und zerbrach. In dem Moment kam mein Vater. Als ihm die Zornesröte ins Gesicht schoss, rannte ich zur Tür, die Treppe runter und kam erst abends wieder. Jedenfalls machte er sich weniger Sorgen, die Familie durchzubringen. Meine Oma hat immer das Evangelium nach Matthäus von der falschen und der rechten Sorge zitiert, du weißt schon, die Vögel, sie säen nicht, sie ernten nicht, aber... wie deinen Vater gibt es viele. Der Vater meiner Freundin hat sich sogar von ihr distanziert. Ich war ganz verdattert, als er auf meine Grußbestellung an Brigitte entsetzt die Augen streckte und sagte, ich habe keine Tochter mit diesem Namen. Ich dachte, nach den vielen Jahren in USA die Leute nicht mehr zu kennen. Später versuchte ich ihn zu verstehen. Er strich die nicht an gesellschaftliche Normen angepasste Älteste einfach aus dem Gedächtnis, um Klatsch und Tratsch den Nährboden zu entziehen.

29.1. Unsere Nachbarn aus den neuen Bundesländern erklimmen die Steile des Hühnerwegs, als Peter von Hans kommt und ihren Weg kreuzt. Der auf das königliche Kriegsspiel versessene Schwabe hatte es mal wieder geschafft, Peter zu einer Partie Schach zu überreden. Ich kann mich stets mit Arbeit herausreden. Die beiden Wahlfranken bleiben auf ein Schwätzchen. Sie berichten von einem Camper-Neuling, der sich mit seinem neuen Wohnmobil in Casablanca kurz nach dem Bombenattentat aufgehalten hatte. Bei einer Demonstration wurde sein Wagen total demoliert.

> Im Mai 2003 forderten in Casablanca mehrere Bombenanschläge auf jüdische Einrichtungen und Orte westlich-weltlichen Lebensstils über 40 Tote und mehr als 60 Verletzte. Diese und 2 weitere Attentate im Sept. 2003 veränderten die politische Atmosphäre in Marokko. Politik und Gesellschaft erfuhren erstmals die radikale Bedrohung der Zivilgesellschaft durch gewaltbereite Splittergruppen. Wenige Tage nach den Überfällen kam es in Casablanca zur größten Demonstration seit der Unabhängigkeit Marokkos. Mehr als eine Million Teilnehmer wandten sich gegen den Terrorismus. Nach dem 11. Sept. 2001 hat Marokko sich eindeutig zum Kampf gegen den internationalen Terrorismus bekannt. Die Sicherheitsbehörden gehen mit aller Härte gegen fundamentalistische islamische Gruppen vor. *M6* hat den Kampf gegen den Terrorismus und die Demokratisierung und Modernisierung des Landes als gleichgewichtige Aufgaben bezeichnet.

Man sagte ihm von offizieller Seite, er solle sein Wohnmobil in Deutschland instand setzen lassen. Die Regierung würde die Kosten übernehmen. Marokko sei kein armes Land. Während meine grauen Zellen sich mit den Fakten *Arbeitslosenrate 20%, Kinderprostitution, viele Dörfer ohne fließendes Wasser und Strom* abmühen - von wegen kein armes Land - öffnet sich schwupp die Blende: El Jadida, Momentaufnahme unseres Erlebnisses auf der ersten Reise nach Marokko 1998/99:

Wir hatten die Fähre nach Ceuta genommen. Am 2. Reisetag gegen Mittag, erreichten wir die Universitätsstadt. Der Verkehr war zum Erlahmen gekommen. Wir saßen fest.

Ebenso der Neu-Ulmer Ehrhard und seine Mutter Hanni, die uns in ihrem Clou-Camper anführten. Auch die Schweizer Eheleute, die uns gebeten hatten, in der trostlosen spanischen Enklave auf Hund und Wohnmobil aufzupassen. Der Pass der Frau war abgelaufen. Sie mussten noch mal die Fähre besteigen und mit dem Taxi nach Malaga zur Botschaft fahren. Peter hupte. Nichts ging mehr. Wir sahen nicht, was vor uns los war und hörten nur Hupen, Pfeifen und von weiter weg wildes Stimmengewirr. Ich fragte in die dünne Luft, eh, was ist denn da los? Peter fragte genervt, wieso fährt Erhard nicht weiter? Von weitem sahen wir junge Leute in weißen Hemden und Blusen brüllend auf uns zukommen. Peter sagte, so eine Scheiße, da hat wohl so ein fundamentalistischer Prof die Studenten angeheizt, und wir müssen es ausbaden.

Immer mehr Jugendliche bevölkerten die Straße. Auf einmal waren wir umringt von Parolen brüllender Studenten. Peter wiederholte sein Mantra, wieso fährt er nicht los? Wieso fährt er denn nicht? Braune Fäuste

Wir wussten zu diesem Zeitpunkt nicht, was sich gerade in der Weltpolitik abspielte: Nachdem der Irak erneut die Zusammenarbeit mit den UN-Inspektoren einstellte, kam es in der Nacht zum 17. Dezember 1998 zu ersten umfangreichen Bombenangriffen auf Bagdad. Und wir bekamen die Reaktion auf die Luftangriffe der USA und UK ab.

hämmern gegen Fenster. Blitze der Verachtung schießen aus schwarzen Augen. Peter stöhnt, der soll einfach losfahren. Die machen schon Platz. Eine packende Szene, wie im Film! Ich bücke mich nach der Kamera und sage, wow, das gibt tolle Bilder. Lass das, wer weiß, wie die reagieren. Ich rufe den Jugendlichen zu: Was haben wir euch denn getan? Wutenbrannte bildschöne Fratzen mit rabenschwarzen Haaren umringen uns. Gepflegte Mädchen mit dicken schwarzen Zöpfen. Wieder denke ich an Fotos. Warum nur populär-wissenschaftliche Bücher? Warum nicht mal ein Genrewechsel? Nahe dran, gegen Peters Willen zu knipsen, lasse ich dann doch Zweifel zu, die mich abhalten, den Aufruhr im Bild zu dokumentieren. Hemmungslos spucken die Hitzköpfe an die Scheiben. Immer lauter wird das Poltern. Es rüttelt an der Tür. Bequem auf der Couch liegend, werden wir tagtäglich mit der Gülle des Horrors überschüttet. Doch wie anders fühlt es sich an, zu den Akteuren gehören! Peter sagt, jetzt fangen sie zu treten an. Hoffentlich verstauchen sie sich die Füße. Die Reifen halten viel aus, aber die dünnen Aluwände bekommen Dellen. Wenn wir aus dem Hexenkessel raus sind, fahren wir allein weiter.

Einige Lehrer brachten die jungen Leute zur Räson. Auf einmal setzen sich die Schweizer vor uns in Bewegung. Der Hymer kriecht voran, zerteilt die Menge und zerquetscht ihre Schatten unter den Rädern. Doch die Demonstranten versprühen weiterhin ihren Geifer und traktieren unser Gefährt mit Fäusten. Wir können kaum noch durch die mit klebrigem Schleim bedeckten Fenster blicken. Es sieht aus, als ob eine Schneckeninvasion über uns hergefallen sei. An der Tankstelle am Ende des Ortes lassen wir alle Scheiben waschen und betrachten unsere Schäden: zum Glück nicht nennenswert. Eine nur bei genauem Schauen erkennbare Delle. Am Womo der Schweizer ist die Plastikscheibe des Seitenfensters gesprungen. Auch bei Erhard hält sich der Schaden in Grenzen. Alle durcheinander redend, versuchen wir, unserer Gefühlsverwirrung Herr zu werden.

29.1. Annemarie besucht uns und verteilt blaue Flyer, um für ihre Wäscherei zu werben.

Annemarie und Ursula betreiben in der
Nr. 51 Avenue Khalid Ibn Alwalid,
nahe der Post in Agadir, eine Wäscherei.

Einige Tage zuvor war sie mit einem Kamera-mann und einem Reporter des MDR hier. Der TV-Sender will dokumentieren, wie Senioren aus den neuen Bundesländern ihren Ruhe-stand gestalten. Zu uns kamen sie, weil die Nachbarn sich zu einem Schwätzchen einge-funden hatten und man auf ihr Sächseln auf-merksam geworden war. Ich befand mich zu dieser frühen Morgenstunde noch in der üblichen Arbeitshaltung: mit dem Notizbuch im Bett. In mein Schreiben vertieft, bekam ich nichts mit. Später sagte Peter, ach schade, dass du das verpasst hast. Das hättest du sehen sollen, wie unser Nachbar dem Interviewer das Ohr vollgelabert hat. Seine Frau rief dazwischen, er solle doch aufhören, aber er ist immer dem Mikrophon gefolgt. Eigentlich hättest du da noch gefehlt. Wenn du bei jedem Schwenk der Kamera von unten mit deinem neuen Buch aufgetaucht wärst, um es in die Linse zu halten. Unter Prusten malen wir die Situation noch weiter aus. Es hätte nur noch Gottfried mit seiner Rosa von An-dromeda gefehlt. Als ehemaliger DDR-Bür-ger hätte er immerhin das Kriterium erfüllt. Er wäre nicht der erste, der im Rentenalter sein Erstlingswerk schreibt. Wobei allerdings das eigene Leben besseren Stoff liefert. Ich denke da an Frank McCourts *Die Asche meiner Mutter.*

Merkwürdig: Manche Menschen verhalten sich in der Nähe einer Kamera wie Idioten oder sind total blockiert. Bei Günther Jauch sind die Kandidaten manchmal so verkrampft, dass sie mitunter ganz einfache Dinge nicht wissen. Auch ich kann ein Lied davon sin-gen. Als ich in der ARD-*Wunschbox* als Spe-zialistin für Spirulina auftrat, musste ich das beliebteste Lied unter 4 erraten. Während das Studio sich mit *Spanish Eyes* erwärmte, konn-te ich gar nichts hören. War ganz aufgeregt mit dem Entziffern der Titel beschäftigt, kam nur bis zum dritten. Natürlich hätte ich den Ohrwurm gewählt, wäre er zuerst genannt gewe-sen. Susanne wollte mich mal bei *Wer wird Millionär* anmelden, da ich in ihrem Beisein oft schwerste Fragen beantworte. Ich mahnte sie, dies zu unterlassen. Wie peinlich, wenn ich an den leichten Fragen scheitere. Salopp erwiderte sie, ach, das macht doch nichts. Halt einfach dein Buch als Maskottchen in die Kamera. Du weißt doch, Negativwerbung ist besonders wirksam. Die Leute geilen sich richtig auf, wenn andere Fehler machen.

30.1. Das Stützlager, das wir über den ADAC bestellt haben, ist noch nicht da. Deshalb kön-nen wir keine Fahrten in abgelegene Gegen-den machen. Womöglich werden wir unseren gesamten Aufenthalt nahe Agadir verbringen müssen. Auf der erlesenen kleinen Landzun-ge gleitet mein Blick über den Atlantik, auf die an den Hängen nestelnden Gemeinden und zurück über die schroffen, von Gischt be-spritzten Felsen. Die Wolken sehen aus, als seien sie von einem Maler mit willkürlichen Pinselstrichen kühn und wild an den ruhigen blauen Himmel gemalt. Ich denke an mein erfolgreiches Wolkenwegradieren, konzentrie-re mich auf einen kleinen Wattebausch und sage: Die Wolke ist verschwunden, vielen Dank! Mein Sinnen und Wollen auf den flüch-tigen Knäuel ausgerichtet, wiederhole ich drei mal, die Wolke ist verschwunden, vielen Dank. Obwohl keine Bewegung am Himmel ist, hat sich das kleine Wassergebilde eine Minute später völlig aufgelöst. Versuch es auch mal. Beim Wegradieren von Wolken wirst du über deine eigene Macht staunen. Ob *Regenmacher* intensiv an schwarze Wolken denken und sich schon für ihr *Dasein* bedanken? Das Danken und der starke Wille sind ganz wichtig.

Das Regengebet soll auch heute noch unter den Berbern praktiziert werden. Kürzlich las ich im Internet, dass Deutsche im März 2008 in einigen marokkanischen Dörfern im Mittleren Atlas mit einem Nachbau von Wilhelm Reichs Cloudbuster erfolgreich Regen machen konnten. Jedes mal habe es einen dunklen Wolkenring gegeben, den die Dorfbewohner vorher noch nie so gesehen hätten. http://claudiabasrawi.wordpress.com/2013/10/10/wilhelm-reich-cloudbusting-in-marokko/

In meinem Buch *So verbindet Wasser unsere Welten* findest du einige Erfindungen von Reich, Tesla, Schauberger und anderen Genies, die zum Segen der Menschheit an Freie-Energie-Geräten arbeiteten, aber von geldgierigen Bänkern, Öl- und Energiemagnaten gestoppt, betrogen oder umgebracht wurden.

31.1. Omar, der Öl- und Honigmann, kommt mit seinem Fahrrad vorbei. Er stellt es ab und übt ein wenig arabisch mit mir. *Salem aleikum*, sagt er mit erwartend hochgezogenen Brauen. Ich antworte, *aleikum Salam*. Er freut sich wie ein Kind. Ich frage, hast du heute noch Arganöl? Ohne zu antworten, holt Omar 2 Literflaschen aus der dunkelbraunen Holzkiste, die auf dem Gepäckträger seines alten Drahtesels befestigt ist. Er habe seine Preise noch nicht erhöht. Ich solle sie aber nicht verraten, da er mir seine Ware immer etwas billiger lasse. Das mag er zu allen sagen. Der nette 54jährige Marokkaner gibt mir zum Abschied die Hand und sagt, Hamdhullah. Ich sage, Hamdulillah. Aber ganz sicher bin ich nicht, ob es ihn überhaupt gibt, wer kann schon ganz sicher sein. Wenn Menschen morden, weil sie nicht tolerieren, dass andere Menschen einen anderen oder gar keinen Glauben haben, wäre es doch besser, wenn es keine Religionen gäbe. Es genügt doch, wenn jeder mit seinen Nächsten so umgeht, wie er will, dass sie mit ihm oder ihr umgehen. Hören

wir besser auf unsere innere Stimme, damit die Sinnwidrigkeiten sich nicht weiter anhäufen.

An der Tür taucht ein blonder Bob auf, unter dem mich lustige blaue Augen anstrahlen. Rita bringt mein Buch zurück und sagt, ich kann das nicht ganz glauben, dass wir immer wieder geboren werden. Ich sage, in der Natur entwickelt sich doch auch alles weiter und nichts geht verloren. Steck eine Tulpenzwiebel in die Erde: In jedem Frühling wächst eine größere, schönere und robustere Blume heran. Die Zwiebel wird immer verzweigter, größer und kräftiger. Dieses Prinzip wirkt überall in der Schöpfung. So entwickelt sich auch die Seele in jeweils einem anderen Körper immer höher. Hast du nicht schon mal in die Augen eines Kindes geblickt, aus denen dir Altersweisheit entgegenstrah... Rita unterbricht mich, aber man kann es nicht beweisen. Eigentlich doch. Die Seele ist ein Feld. Sheldrake zeigt an Tausenden Fallgeschichten zum siebten Sinn, dass Telepathie oder Vorhersehen angeborene biologische Sinnesfunktionen sind. Und die physikalische Grundlage dieser *Sinne* sind die *morphischen Felder*. Blauaugen blicken mich fragend an. Ich sage, es gibt Kinder, die von ihren anderen Eltern sprechen. Da ist ein Junge, der oft von seiner mexikanischen Mutter sprach. Er konnte den Ort benennen, wo er mit seiner vorigen Familie gelebt hat und behauptete, dies beweisen zu können. Er habe in seinem Elternhaus Zeichen in den Fensterrahmen geritzt. Die Mutter setzte sich mit Professor Hans Bender in Verbindung. Der Freiburger Parapsychologe konnte Forschungsgelder auftreiben und reiste mit dem Kind zu der kleinen mexikanischen Gemeinde. Dort fanden sie einige der früheren Verwandten. vor und entdeckten auch die Gravuren im Holz. Rita sagt, das ist ja kaum zu glauben. Aber belegt. Es gibt noch mehr Fälle: So?

In Spiegel-TV wurde mal ein fünfjähriger

Junge gezeigt, der bei einem Kinderpsychologen (Jim Tucker) in Behandlung war. Als 1½Jähriger bekam er von seiner Mutter Maria einen Klaps. Er sagte, als ich noch dein Dad war, habe ich dich nie gehauen. Seit dieser Zeit achtet Maria mehr auf die Äußerungen ihres Sohnes. Er war mit einer unterentwickelten Pulmonalklappe geboren und schon mehrfach am Herz operiert worden. Als er zum ersten Mal das Familienalbum betrachtete, deutete er spontan auf seinen Opa und sagte, da bin ja ich. Sein Großvater war als Polizist bei einem Überfall im Kugelhagel gestorben. Ein Geschoss durchschlug seine Herzschlagader genau an der Stelle, an der heute sein Enkel die Probleme hat. Diese Kombination von Erinnerungen und körperlichen Hinweisen ist ja wohl nicht von der Hand weisen. Da fällt mir noch ein, irgendwann soll der Junge seine Mutter gefragt haben, wie hieß eigentlich unsere Katze? Als seine Mutter einen Namen nannte, sagte er, nein, ich meine die weiße. Maria antwortete, Boston. Er rief, ja richtig, ich nannte sie immer Boss.

Rita sagt, naja, das sind so Einzelfälle, wer weiß ob ... Neiin, schneide ich ihr das Wort ab. Ich hab eine Bekannte mit ähnlichen Erfahrungen. Und in Spiegel-TV wurde noch ein indisches Mädchen gezeigt, das sehr unglücklich war, weil sie zu ihren anderen Eltern wollte, die in der Nähe eines berühmten Tempels lebten. Sie sei als Kind von einer Brücke gestoßen worden und im Fluss ertrunken. Ein Professor fuhr mit ihr in die 600 km entfernte Gegend. Als sie in die Nähe des Tempels kamen, kannte sich die junge Frau auf einmal aus und konnte den Fahrer zum Haus ihrer früheren Eltern leiten. Die ergreifende Begegnung wurde im Fernsehen gezeigt. Als die Inderin ihre alten Eltern erblickte, war sie wie umgewandelt und fiel vor ihnen auf die Knie. Ihr Verhalten war völlig verändert. Die beiden älteren Leute bestätigten, eine Tochter gehabt zu haben, die im Fluss ertrunken war. Ich könnte Dir noch mehr von Donahue und anderen US-Talkshows erzählen. Beispiele gibt es genug. Würden Eltern ihren Kindern genauer zuhören und nicht alles als Phantasie abtun, könnten bestimmt noch eine Menge früherer Leben dokumentiert werden. Ich habe selber schon so viel Unerklärliches erlebt. Wenn du mal durch einen acht Meter langen Graben über glühende Kohlen gelaufen bist, ohne dass dir das Fleisch bis zu den Knochen abbrennt, dann hältst du alles für möglich. Rita sagt, ich weiß nicht.

Wieso sollen wir nicht wiedergeboren werden? Die Geburt selbst ist doch schon ein Wunder. Denke nur an das Mysterium der Raupe, die sich in einen Schmetterling verwandelt! Oder an Elektrizität. An unsichtbare Wellen, die dir beim Drehen eines Knopfes am Radio ermöglichen, mal einen Chor, mal ein Streichorchester oder einen Rocksong zu hören. Vor 100 Jahren hätte das kein Mensch geglaubt, wenn es ihm beschrieben worden wäre. Oder erkläre mir Talente, unabhängig von denen der Eltern. Wie kommt es, dass ich alle Verrichtungen am liebsten am Boden mache und barfuß durch steinerne Flussbetten laufe? Huh? Ich hatte zwei mal den Traum, ein Schäferjunge gewesen zu sein. Und wie kommt es, dass ich im Alter von zehn Monaten schon im Satz gesprochen und sehr früh lesen gelernt habe? Das hat doch wohl auch mit meinem Traum zu tun, in dem ich mich im Körper eines englisch sprechenden Schauspielers wahrnahm.

Würde es nicht Sinn machen, wenn wir die in einem Vorleben erlernten Fertigkeiten, wie z. B. komponieren oder Texte lesen, ins nächste Leben mitnehmen?

Das frühere Leben als Mime hab ich mir durch Schauspielunterricht quasi bewiesen. Während eines *Writer's Block* Seminars mit Jocelyn Brando lernte ich zwei Schauspielerinnen kennen, die mich zu ihren Schulen mitnahmen. Ich entschloss mich, bei Sharon Chatten Strasbergs *Method Acting* zu erlernen. Huh?

Das ist eine ziemlich gefühlsbetonte Art, Rollen zu erarbeiten. Nach 4 Wochen lobte mich Sharon beim Improvisieren des Stücks *The Porch* in den höchsten Tönen. Es hätte gar nicht wie Spielen ausgesehen, so natürlich sei es gewesen. Derart überschwänglich lobte sie nicht mal die Stars unserer Klasse, z. B. meine erste Improv-Partnerin Mariel Hemingway oder Christopher Lawford, ein Neffe J. F. Kennedys. Wenn ich noch an den Assoziationen aus meinem eigenen Leben arbeiten würde, wäre es perfekt. Huh? Mein Partner war überhaupt nicht mein Typ. In so einem Fall muss man die Technik anwenden, sich das Objekt der realen Liebe vorzustellen und auf den Partner zu projizieren. In dem Stück ging es um zwei Ex-Liebhaber, die sich nach langer Zeit gegenübertreten. Jedenfalls meinte Sharon, ich hätte das Zeug für eine klasse Schauspielerin. Aber ich wollte das alles nicht mehr: Lampenfieber, Öffentlichkeit, Hektik. Schon vor den Improvs hatte ich Magenschmerzen. Wozu ein zweites Mal den Stress? Gelernt. Abgehakt. Da schreib ich lieber im stillen Kämmerlein, das befriedigt jetzt mein Bedürfnis nach Glück. Und darum geht es ja

wohl im Leben, sich selbst und seinen Weg zu erkennen und glücklich zu sein. Rita sagt, es gibt noch so viel zwischen Himmel und Erde, was nicht erforscht ist. Der übliche friedliche Ausdruck kehrt auf ihr Gesicht zurück.

Um 18:30 Uhr ruft der Muezzin die Gläubigen wieder zum Gebet. Ich hocke seitlich auf der Sitzbank, den Kopf an die Wand gelehnt. Die Beine angezogen, schaue ich entspannt über die Küchenzeile hinweg zum Fenster hinaus. Auf einmal sehe ich meine Aura über den Knien. Zuletzt konnte ich dieses alle Lebewesen umgebende Energiefeld bei einem Radfahrer wahrnehmen, der uns beim Inline-Skaten auf einem geteerten Waldweg im Mümlingtal entgegenkam. Ich nahm es als graue Kontur über seinem Rücken wahr. Sofort schoss mir Suizid in den Kopf. Der Mann steckte womöglich in einer depressiven Phase. Ich hoffte, dass er sich einige Glückshormone erstrampelt. Auch jetzt erkenne ich den rauchigen Rand um meine Finger und mir kommen Romy Schneiders hauchdünne Schwimmhäute in der Verfilmung von Kafkas *Prozess* in den Sinn. Die wie Emissionen einer Glühbirne austretenden Elektronen zeigen uns, dass wir elektrische Wesen sind. Je mehr Silicium, Germanium, Selen und Kupfer wir zu uns führen, desto stärker ist die Ausstrahlung, desto weiter die Aura. Wir können sie durch unser konzentriertes Wollen vergrößern. Eine texanische Freundin, Lynne Briton, demonstrierte mir dies auf einer Party.

In meinem Buch *Spirulina, Überlebensnahrung für ein neues Zeitalter* zeige ich zwei Kirlian-Fotografien mit den Energiefeldern meiner Fingerkuppen und Zehen. Die eine war vor, die andere nach der Einnahme von Spirulina aufgenommen. Der Strahlungsunterschied mag darin begründet sein, dass die blaugrüne Alge all die oben genannten Halbleitermaterialien in natürlicher, photosynthetisch gewonnener Form enthält.

Sollte es Dir mal an Energie mangeln, rate ich zu Spirulina. Die fadenförmige Cyanobakterie wird in der Literatur als Mikroalge bezeichnet. Cyanobakterien haben vor mehr als dreieinhalb Milliarden Jahren begonnen, das Treibhaus Erde zu begrünen und in eine Wohnstätte für Aerobier zu verwandeln. Sie produzieren aus Stickstoff (N_2) Aminosäuren bzw. Protein und aus Kohlenstoff (CO_2) Kohlenhydrate und geben Sauerstoff in die Atmosphäre ab. So entwickelte sich Flora und Fauna. Die Blaugrünalgen enthalten materielle und immaterielle Substanzen in ausgewogener Form. Du könntest von Spirulina und Wasser leben.

Wenn wir fortfahren, unseren Ernährerplaneten zu verdrecken und misshandeln und ihm die zum Reifen des Grundwassers benötigten Ressourcen entziehen, werden wir künftig auf die blaugrünen Mikroorganismen zurückgreifen müssen.

Derzeit laufen in vielen Ländern Afrikas Projekte des Selbstanbaus von Spirulina, um gegen Mangel- und Unterernährung sowie AIDS anzugehen. Unter dem *Namen Antenna Technologies* leitet Vincent Guidon Projekte in Mali, Niger und Burkina Faso. Ich habe ihm zugesagt, ihn bei der Arbeit zu unterstützen. Unter: antenna.ch kannst du dich informieren. Übrigens:

Afrikanische Ärzte verschreiben ihren AIDS-Patienten Spirulina, weil sie feststellten, dass sich die T-Helfer-Lymphozyten (CD 4 Lymphozyten) bei jenen Personen erhöhten, die Spirulina genommen hatten.

Der segensreiche Mikroorganismus stärkt somit das Immunsystem. Würde der Gründer von Microsoft, der täglich fast 3 Millionen Dollar für Hilfsprogramme verteilt, auf Nachhaltigkeit Wert legen, wäre schon viel getan. Doch diese lässt die Bill & Melinda Gates Foundation vermissen: Weder helfen zelltötende Arzneien gegen AIDS noch hilft gentechnologisch manipulierte Hirse gegen Afrikas Hunger. Wir wissen noch nicht, was sich wirklich in der Zelle abspielt. Dass synthetische Gene schädigend auf das Immunsystem wirken, habe ich im genannten Buch anhand von Studien gezeigt. Die Versuchstiere, die Genfutter erhielten, hatten kleinere Organe als die der Vergleichsgruppe; auch Hirne und Hoden!

Rita kommt auf ein Schwätzchen vorbei. Schnell sind wir bei der Schere zwischen Arm und Reich, die sich immer weiter öffnet. Die Superreichen könnten die wesentlichen Bedürfnisse der Menschen in der Dritten Welt decken. Ihr Einkommen würde dabei dennoch wachsen, aber die Bevölkerungsexplosion könnte so eingedämmt werden. Die Misere in den ärmeren Ländern würde endlich enden.

Eh, wirft Rita ein, wo kämen wir hin, wenn alle Menschen Autos hätten? Ich sage, in meinem Wasserbuch hab ich Technologien vorgestellt, mit denen wir ohne fossile Brennstoffe auskämen. Schon vor 100 Jahren hätten wir freie Energie aus dem Kosmos zapfen, unsere Häuser kostenlos beleuchten und unsere Autos ohne giftige Kraftstoffe fahren können. Unsere Erde hätte nicht sinn- und skrupellos ausgebeutet werden müssen. Rita fragt, wieso wird diese freie Energie nicht genutzt? Ich sage, weil ein paar geldgierige Säcke aus den stinkigen Energiebranchen den Hals nicht voll kriegen können. Es ist ihnen scheißegal, wenn alles den Bach runtergeht. Den Kreativen werden ihre Patente abgejagt. Sie werden um ihr Genie betrogen. Oder sie drücken Ihnen den Stempel *verrückt* auf. Die Amis sind darin ganz groß. Sie verdienen am Export von Urheberrechten mehr als an jedem anderen Produkt. Durch den Raubbau an Mutter Erde ist eine riesige Kluft zwischen Arm und Reich entstanden. Der Mangel an sozialen Aufstiegsmöglichkeiten führt dazu, dass der Mensch in der Regel Gefangener seines sozialen und wirtschaftlichen Status bleibt, in den er hineingeboren wird. Die äußeren Zeichen der Herkunft besitzen in vielen Ländern ein zu großes Gewicht. Solange man dort als Angehöriger einer niedrigen sozialen Schicht erkennbar ist, hat man keine Chance, ernst genommen zu werden. In USA gefällt mir, dass man schon genau hinsehen muss, um allenfalls die teure Uhr am Arm eines Mannes zu erkennen. Denn selbst mit Ferraris und Laborghinis in der Garage fahren viele *Pickup Trucks* und tragen ausgewaschene Jeans, T-Shirts und *Sneakers*.

Ich suche herzförmige Steine für Peters Geburtstag. Seit wir im Womo reisen, schreibe ich meine Glückwünsche auf Steinherzen. Ein dunkler Fleck in der Ferne zwischen Felswand und Brandung erregt meine Aufmerksamkeit: Ist das ein Delphin? Hoffentlich aus Plastik! Es ist leider der Kadaver eines jungen Delphins mit schnurgerade abgetrenntem Schwanz. War ihm eine Schiffsschraube zum Verhängnis geworden? In der *Seaworld* in San Diego tätschelte ich mal so ein putzmunteres Meeressäugetier. Es fühlte sich wie ein stramm mit Wasser gefülltes Plastiktier an. Von der Python am *Strandwalk* in Venice Beach, die so kuschelig warm und seidenweich im Nacken liegt, war ich mehr angetan.

Elmar besucht uns mit seinem Nachbarn Jürgen. Letzterer streift mit riesiger Kamera und Stativ ganz wichtig umher. Vergangenes Jahr standen wir mit Elmar am Fischerhaus. Er hatte einen Lehrer engagiert, der ihm arabisch beibrachte. Einige Begriffe schrieb ich bei ihm ab. Doch, wenn du arabisch kannst, heißt das noch lange nicht, dass dich die Marokkaner verstehen. Es gibt mehr Berber als Araber. Und die haben ihre eigenen Sprachen, die oft nur mündlich weitergegeben werden.

Elmars Frau ist abgereist. Falls er sie wie den Hund behandelt, kein Wunder, dass sie nie lang bleibt. Der Vierbeiner ist nie draußen, zu dauernder Stubenhockerei verdonnert. Setze mich stets für ihn ein. Aber Elmar reagiert stets mit der *Besonderheit des Hundes*. Wie der junge Gemüsehändler, den ich kürzlich fragte, wieso ich keine Mädchen auf dem Fahrrad sehe. Hasan deutete auf die Oberschenkel. Er sagte, nix gut. Ich lachte ihn aus und sagte, ihr habt Angst, dass sie euch davonfahren und ihr sie nicht mehr unter Kontrolle habt. Nächstes Mal wirst du als Mädchen eboren, dann wirst du sehen, wie das ist.

Wie sollen wir Frieden auf der Welt haben, wenn die Geschlechter nicht voll gleichberechtigt sind? Das Unrecht gegen die Hälfte der Bevölkerung begünstigt die widrigen Lebensbedingungen und schlechten Gewohnheiten der Männer. Sie tragen sie aus der Familie an den Arbeitsplatz, ins politische Leben und schließlich in die internationalen Beziehungen hinein. Beginnen wir mit dem Abbau der Ungerechtigkeit gegenüber dem weiblichen Geschlecht in der Familie! Wie sonst soll das moralische und psychologische Klima in der Gesellschaft verbessert werden, wenn nicht Schluss gemacht wird, die männlichen Nachkommen bei der Ausbildung, Anerkennung individueller Leistungen, beim Erben oder bei finanziellen Zuwendungen zu bevorzugen.

Jedes Kind sollte innerhalb der Familie absolut gleich gehalten werden. Der internationale Frieden kann sich nur entwickeln, wenn in der Keimzelle der Gesellschaft Gerechtigkeit waltet.

Mädchen sind in Marokko wenig wert. Da Majids Bruder einst bester Golfer Marokkos war, kennt er den Golflehrer des Prinzen. Von ihm weiß Majid: Die westlich erzogenen Prinzessinnen sitzen ohne Bewachung im Lokal, während auf dem Golfplatz in Mohammedia alles von der Security abgesichert wird, damit bloß nichts an den Bruder des Königs kommt. Da der Islam keine Königin kennt, müssen männliche Nachkommen besonders geschützt werden. Würde die Verfassung geändert, hätte der Stress ein Ende. Ein Gesetz zugunsten des weiblichen Geschlechts hat *M6* schon erlassen: Männer können ihre Frauen nicht mehr verstoßen. Das in der Ehe erworbene Vermögen wird bei der Scheidung geteilt. *M6* verlieh seiner Braut Salma Bennani, die ihr rötlich gefärbtes Langhaar unverschleiert trägt, zwar nur den Titel einer Prinzessin. Das ist aber ein Fortschritt. Latefa, die Hauptfrau seines Vaters, eine von 30+ Konkubinen des Harems, den *M6* nach seiner Thronbesteigung auflöste, war nur die *Mutter der Prinzen.*

Jürgen zwängt seine 1paar+90 ins Womo. Unter schütterem Rothaar strahlen seine Züge Vorwitz, Sinnlichkeit und Schläue aus. Das Nordlicht sagt, ich hab gehört, du schreibst Bücher. Wie hast du denn einen Verlag gefunden? Der Verlag hat mich gefunden. Die Gesundheitsexpertin Halima Neumann besuchte mich in L. A. Ich hab eins ihrer Bücher ins Englische übersetzt. Sie hat mich inspiriert, meine Doktorarbeit über Spirulina zu schreiben. Ich erfuhr dann von einer Studie:

1989 fanden Gustafson und Kollegen heraus, dass die Sulfonanteile der Glykolipide in Spirulina das „HIV" zerstören.

Ich hab damals freiwillig in der von Louise Hay gegründeten AIDS-Hilfegruppe mitgearbeitet und dachte, hey, da könnt ich doch mit den rund 300 jungen Männern, die sich jeden Mittwoch in West Hollywood treffen, meine empirische Studie machen. Nachdem Louise die Gruppe einem Kollegen übergab, kamen allerdings nur noch 50 oder 60.

Jürgen sitzt eingesunken da. Wasserblaue Augen stieren mich an, suggerieren, na, was ist nun mit meiner Frage? Ja, also zum Verlag: Die Autorin Barbara Simonsohn, sie kennt Halima auch, sie hat mich angerufen und gefragt, ob sie ihr Papayabuch übersetzen will. Im Gespräch hab ich meine Arbeit über Spirulina erwähnt. Barbara hat mit der Chefin des Windpferd Verlags darüber gesprochen. Frau Jünemann hat ein paar Probekapitel gelesen und war *total begeistert.* So hat meine Karriere als Autorin angefangen.

Schnodderig erwidert Jürgen, ohne Beziehungen geht das wohl nicht. Ich sage, wenn etwas sein soll, wird es eben irgendwie arrangiert. Wer schreiben kann und Sinn für Kunst hat, kann Bücher auch allein herstellen. Das Wasserbuch und das hier hab ich ohne Hilfe gebastelt: Layout, Umschlag, alles. Dann kommt es aber aufs Marketing an. Jürgen schürzt die vollen Lippen und blättert lustlos in *Übersinnlich in L.A.* herum. Ich sage, sieht doch ganz gut aus, das Foto mit den zwei Gesichtern, oder? Er lässt ein halb zustimmendes, halb entnervtes Uhuh los. Ich sage, das Werk eines Profis. Lothar Nahler hatte vor einer Ewigkeit, ich hab noch an der Frankfurter Uni studiert, er hat ganze Fotoserien von mir gemacht und verkauft. Jürgen fragt, was hast du über Wasser geschrieben? Ich schwärme, H2O ist einfach alles. A und O, Alpha und Omega, der Geist in allem, Allesheiler.

Hast du schon mal was von dem Geistheiler Bruno Gröning gehört? will Jürgen wissen.

Erstaunt rufe ich: *Du* kennst Bruno Gröning? Mit einem Ruck steh ich auf, öffne die Schranktür, ziehe unter einem Stapel Bücher das *Wunderwesen Wasser* hervor, schlage Seite 37 auf, halte ihm das Bild vor die Nase und lese: *Wassertest mit einem Foto des Wunderheilers Bruno Gröning.* Jürgen gibt sich unbeeindruckt. Ich will wissen, wie er an den BG-Freundeskreis geraten ist, dem weltweit rund 50.000 Personen angehören, darunter 500 Uni-Professoren, Ärzte und Heilberufler. Er weicht aus. Bei mir war's ein seltsames Zusammentreffen von Umständen. Just am Tag, an dem ich zum ersten Mal hinging, war der Wassertest dran. So, als ob er für mich arrangiert worden war. Ich ging noch so lange hin, bis meine Neugierde befriedigt war.

1.2. Mit klaren Bildern eines Traums wache ich auf: *Ich stehe auf einem Balkon. Plötzlich gibt der Boden unter mir nach. Ein Schmucksims aus Stein stürzt in die Tiefe. Gerade als ich abzusacken drohe, hebe ich einfach ab und fliege. Aus der dünnen Luft* zaubere ich einen Degen und segle wie Peter Pan auf eine Gruppe wilder Kerle zu, die einen Unschuldigen umbringen wollen. Mit der spitzen langen Waffe steche ich auf die Widersacher ein und befreie den *Guten* aus den Klauen der *Bösen.* Diese nächtliche Vision spiegelt meine Lektüre wider: In Philip Roths *American Pastoral* berichtet die im Untergrund lebende Tochter dem Vater von ihren Bombenattentaten, die 4 Menschen das Leben kosteten. Sie haust in einer verkommenen Gegend Newarks. Diebe brechen am helllichten Tag Ziergiebel über Hauseingängen und Schmucksimse von Balkonen heraus, während der bestochene Polizist sein Mittagsschläfchen hält.

Nach drei Wochen Fernsehpause können wir wieder die Tagesschau im hr3 sehen. Im Anschluss muss sich Miss Marple auf dem Deck eines Schiffes heftig mit einem ebenso langen Degen verteidigen, wie ich ihn im Traum geschwungen habe. Deutet das bunt gemischte Vergangene und Künftige an, dass alles im Hier und Jetzt spielt.

2.2. Hans steht vorm Camper und unterhält sich mit den Nachbarn. Seine Parasiten feiern eine Party, da sein Bauch heute Morgen prägnanter in die Landschaft steht als sonst. Eine Chemo hat wohl seine Darmflora zerstört. Werde dem Schwaben mal raten, seine Candida-Geschwader mit Silberionen zu verjagen.

Colloidales Silber wirkt natürlich gegen Keime, ohne negative Nebenwirkungen zu erzeugen oder Resistenzen zu bilden. Silberionen haben auch keine negativen Auswirkungen auf die nützlichen Bakterien im Darm.

Dr. Robert O. Becker, führender Energiemediziner, stellte eine Korrelation zwischen niedrigen Silberwerten und Krankheit fest. Personen mit niedrigen Silberwerten hatten mehr Erkältungen, Grippe, Fieber u. a. Leiden.

Der Krebsforscher Dr. Gary Smith vermutet: Silbermangel ist einer der Hauptgründe für die Existenz von Krebs. Er analysierte Haarproben und bemerkte einen deutlichen Zusammenhang zwischen einem niedrigen Silberwert und Krankheit. Siehe. Einkaufstipps, Seite 85

Im Supermarkt räumt vor uns ein kräftiger Marokkaner seine Tüten in den Einkaufswagen. Zwei ihn begleitende Walküren mittleren Alters stehen zwischen uns und dem Drahtgestell auf Rädern. Unter mit großen Blumen bedruckten Kleidern wirken ihre Körper wie knochenlos bebendes Fett. Peter sagt, meinst du, er hat sie für Kamele eingetauscht? Das muss ne ganze Herde gewesen sein. Lachend und schwatzend bewegen die lustigen Weiber ihre fülligen Körper nach vorn und helfen dem Mann beim Einpacken. Die rotblonde Marokkanerin an der Kasse erinnert mich an Mandira. Sie hat auch diese muntere offene Art unserer indischen Freundin, die in den 70ern im selben Haus mit uns wohnte und mich mal als Zweitmutter, mal als große Schwester betrachtete. Die junge Kassiererin ruft den korpulenten Marokkanern noch etwas hinterher und begrüßt uns dann verschmitzt lächelnd in fließendem Deutsch! Wie gefällt es Ihnen hier? Verblüfft antworten wir durcheinander redend, wunderbar, toll, wir sind schon zum dritten Mal mit dem Wohnmobil hier. Die kesse Frau sagt, oh, gut. Sie gehören zu den Wiederkehrern. Es gibt prinzipiell nur zwei Aussagen von Touristen: *Marokko einmal und nie wieder* und *Marokko immer wieder*. Wie kommt es, dass sie so gut deutsch sprechen? Während die Berberin unserer Einkäufe tippt, sagt sie, ich studiere an der Uni Deutsch. Sie lässt nicht erkennen, dass sie Peters flapsige Bemerkungen gehört hat.

Während wir noch unsere Einkäufe verstauen, steht Jürgen wie Phönix aus der Asche vor der Tür. Kürzlich war er mit seinem internationalen Spezialfahrrad vorgefahren. Der Windschutz stammt aus USA, der Rest aus Holland und Japan. Er nahm zwei meiner Bücher mit und hat nun offenbar Fragen.

An der Kippe ziehend, wartet Peter draußen. Jürgen zieht seinen Kopf ein und erklimmt die Stufen. Er schwenkt einen Bogen Papier und sagt, ich muss mal mit dir reden. Ich sage, wir wollen jetzt zum Campingplatz gehen. Du kannst ja mitkommen. Geflissentlich entgegnet der Norddeutsche, ich muss dich allein sprechen und pflanzt seine Einspaar+90 umständlich mir gegenüber auf die dem Tisch angrenzende Sitzbank. Er meckert über die Wasserflaschen an seinen Füßen. Peter hat das Gespräch unbeteiligt verfolgt. Er steckt den Kopf durch die Tür und sagt, du kannst ja nachkommen. In der Hoffnung auf ein kurzes Gespräch gebe ich nach. Ich denke Wunder, was jetzt kommt, aber das ist wohl so ein Machoding. Wir gehen seine Frageliste durch:

Jürgen will wissen, ob durch Kochen die Qualität des Wassers flöten geht. Nein, seine kosmische Energie und Heilkraft bleiben erhalten. Welches Gerät empfiehlst du zum Aktivieren des Wassers? Ich sage, ich verwende den GIE-Aktivator. (mittlerweile heißt das von Peter und Isabel Groß entwickelte Nachfolgemodel Aqua-Lyros. Über die Umstände, wie es auch zu dem veränderten Firmennamen kam, schreibe ich vielleicht mal einen Krimi). Damit schmeckt sogar Spaniens gechlortes Wasser prima. Kann man Wasser mit Kristallen energisieren? will Jürgen wissen. Ja, an der Uni in Berkeley wurde nachgewiesen, dass Pflanzen, Mineralien und Metalle ihre Schwingungen im Wasser hinterlassen. Deshalb wirkt das Kraftfeld eines mit Urenergie aufgeladenen Kristalls auf unseren Körper, der ja viel Wasser enthält. Er kann also auch die molekulare Struktur unseres Körperwassers verändern. Du kannst auch Lebensmittel im Wasser bzw. in seiner unmittelbaren Nähe energisieren. Das dauert gewöhnlich 1 bis 2 Stunden. Bergkristall, Rosenquarz und Ametyst sollen am besten sein. Es gibt noch mehr Möglichkeiten, Wasser zu verbessern. Lässt du es mehrfach durch einen Trichter laufen, wird es rechtsdrehend mit mehr Sauerstoff angereichert. Ist es zu hart, helfen Magnete.

Da ich Peter nicht mehr einholen kann, frage ich: Was hast *du* so gemacht als Sozialpädagoge? Jürgen sagt, im Knackibereich und Strichermilieu. Aha, denke ich, daher die schnoddrige Art. Weshalb er 47jährig nicht arbeitet, verrät er nicht. Doch unter den Campern haben wir neben armen Rentnern, die sich die Heizkosten im nordeuropäischen Winter nicht leisten können auch Lehrer und Polizisten getroffen, die unter zerfleddertem Nervenkostüm litten. Ich sage, ich wäre auch fast im Frauenknast Preungesheim gelandet, entschied mich aber für ein Praktikum in der Kita um die Ecke. Da wurde mir ganz schön Energie abgezapft. Beim 2. Praktikum in einer Sonderschule im Gallusviertel war der Tag auch immer gelaufen, wenn ich heim kam.

Jürgen hatte letztes Mal erwähnt, dass er Schröder als Juso kannte. Ich frage, wie war denn dein Genosse Gerhard so? Jürgen sagt, bis zu einem gewissen Grad kumpelhaft, doch es ging immer nach seiner Nase. Er wollte immer bestimmen. So wie du. Haha. Gerhard ließ niemand an sich herankommen. Vielleicht hat er deshalb auch keine eigenen Kinder. Als ob etwas in ihm abgestorben wäre.

Wir kritisieren das, woran wir besser selber arbeiten, gern bei anderen. Ist er denn heute anders als früher? Jürgen sagt, hab keinen Kontakt mehr. Als er mit den Dingern rumstolziert ist, du weißt schon diese langen, em... du meinst Stelzen. Das macht ihn doch eher sympathisch, denkst du das war Absicht? Jürgen zuckt die Achseln. Ich sage, für mich ist Politik nix. Ich will sagen können, was ich denke. Statt Ehrennadel, kann ich aber ein Dankesschreiben von Bruder Johannes vorweisen.

Von Rau, wieso? Ich hab ihm meine Bücher geschickt. Als er meinen Vater zur 40jährigen Mitgliedschaft geehrt hat, hab ich am Tisch

Beobachte Deine Mitmenschen und achte darauf, was sie an anderen zu bemängeln haben. Empört sich jemand über die Fehler anderer, nimm Dir diese Person unter die Lupe. Du wirst erstaunt feststellen, dass das, was sie an anderen stört, bei ihr selber noch stärker ausgeprägt ist. Wir bilden selber keine Ausnahme. Würden wir alle den Mut aufbringen, dies anzunehmen, könnten wir in unserer Entwicklung einen gewaltigen Schritt voranschreiten. Jesus drückte es so aus: Was aber siehst du den Splitter, der in deines Bruders Auge ist, den Balken aber in deinem Auge nimmst du nicht wahr.

seiner Bodyguards gesessen. Irgendwie hab ich gespürt, dass es ihm nicht gut ging. Er und mein Vater waren Parteifreunde in der GVP. Mein alter Herr war Handelsvertreter und hat Gustav Heinemann, Johannes Rau und Helene Wessel mit seinem Auto zu Wahlveranstaltungen mitgenommen. Als klar war, dass die GVP die 5-Prozent-Hürde nicht schaffen würde, empfahl Heinemann allen, geschlossen in die SPD einzutreten. Rau war überrascht, dass mein Vater erst jetzt geehrt wurde, wo er selber doch ein Jahr vorher schon dran war. Man hatte geglaubt, er sei Kommunist und lehnte die Aufnahme in die SPD erst ab. Später diente er der Partei als Fraktionsvorsitzender der Selbstständigen von Hessen Süd. Da durfte ich manchmal mit nach Frankfurt.

Jürgen stiert Löcher in die Luft, ich kenne Rau nicht persönlich, hab nach der Jusozeit wenig gemacht. Der Kaventsmann faltet den Fragezettel. Ich stehe zum Gehen auf. Plötzlich presst Jürgen im Timbre eines Lamentos hervor, wieso seid ihr überhaupt zusammen? Ihr seid doch so verschieden. Ich sage, oha, und zucke mit den Achseln, wir kennen uns wohl aus einem früheren Leben. Sein wegwerfendes *Ach* sagt mir, dass er *solche Sachen* nicht für möglich hält bzw. mir meinen *Fehlgriff* nachträgt. Zum dritten Mal hetzt er zum Pieseln nach draußen. Als er zurück kommt, schließe ich die Tür ab und sage, bei dir hat sich wohl der Candida albicans eingenistet. Entnervt bellt Jürgen, was ist *das* denn? Ich sage, lies mal das *Blaugrüne Wunder* und öffne wieder die Tür. In diesem Buch hab ich dem invasiven Gesellen 10 Seiten gewidmet.

Der Sprosspilz liebt ein saures Milieu.
Am liebsten mag er Bier, Süßigkeiten,
Schimmelkäse, Brot Pizza, Nudeln ...
alles, was so schön kleistert.

Wie ich dich kenne, sind das deine Leib- und Magenspeisen. Jürgen stößt einen kehligen

Laut aus. Als wir ihn kürzlich besuchten, lag eine riesige angebrochene Tafel Schokolade mit Puffreis herum, und er trank Bier. Ich sage, wenn du eine Zeit lang Silberionen oder H_2O_2 nimmst und den Parasiten ihre bevorzugten Leckerbissen entziehst, bist du sie bald wieder los. Ebenso den dauernden Harndrang und dein Bäuchlein. So, jetzt lauf ich Peter entgegen. Du kannst ja mitkommen.

Während wir Richtung Taghazout eilen, frage ich, was hältst du von der sich zuspitzenden Lage durch die Staatsverschuldung und der immer schärferen Trennung zwischen Arm und Reich, meinst du, wir könnten uns wieder einen autoritären Staat einhandeln? Ach, ich weiß nicht. Ich sage, wir brauchen mehr Transparenz, Verantwortungsbewusstsein und Selbstbestimmung. Immerhin ist es unser Geld, das die Politiker verschwenden. Wenn es noch mehr bergab geht, wird wieder nach einer starken Hand gerufen. Die Braunen wittern wohl schon Morgenluft. Jürgen lenkt ein, die werden sich nicht durchsetzen. Das haben die Leute vor 1933 auch gedacht. Unsere Politiker liefern sich doch Banken, Konzernen und anderen Strippenziehern aus. Dass sie Marionetten der Konzernbosse sind, zeigt doch das Beispiel Stevia.

Jürgen kläfft enerviert, was ist denn das schon wieder? Ich sage, ein natürlicher Süßstoff aus Süßkraut, ohne schädliche Nebenwirkungen. In Europa verboten (seit 2.12.2011 als Lebensmittelzusatzstoff zugelassen).

Warum? Wir dürfen nur problematische Süßstoffe verwenden. Aspartam ist ein lebensgefährlicher Zuckerersatz, der sich in vielen Fertiggerichten und Colagetränken befindet, auch bekannt als *NutraSweet, Canderel, Equal, Spoonful* oder E951. Der Neurochirurg Blaylock hat festgestellt, dass Aspartam besonders in Verbindung mit Glutaminsäure schwere chronische neurologische Störungen verursacht

und für zahllose Symptome und Krankheiten verantwortlich ist: MS, Epilepsie, Parkinson, Alzheimer, Hirntumore, Blindheit, Hautwucherungen, Depressionen, beschädigtes Kurzzeitgedächtnis oder Intelligenzschwäche.

Fast alle Gewürzmischungen und Fertigsuppen enthalten Mononatriumglutamat bzw. E621. Viel schlechtes Karma, das verantwortungslose Zeitgenossen damit auf sich laden. Die Probleme sind seit ca. 30 Jahren bekannt.

Jürgen setzt seine Schritte mit kindlicher Vehemenz und hält sich gebeugt, als ob er seiner alles überragenden Körperlichkeit Einhalt gebieten will. Ich habe keine Mühe, mit meinen 1-paar+60 zu folgen. Wieso kannst du so schnell laufen? Seit meinem 19. Lebensjahr halte ich mit Hünen Schritt. Edmond maß 193 cm Länge, Günther 1,96. Ebenso groß war sein Klassenkamerad H.-P., der mich vor 32 Jahren quasi zu Peter schickte, um mir wieder ein Auto zuzulegen. Übrigens, das erste, das ich allein kaufte und das einzige, bei dem ich nicht angeschmiert war. Stammhalter eines königlichen Kaufmanns eben. Wieso königlicher Kaufmann? Der Vater war Schiffsausrüster fürs englische Königshaus. Hmm, wieso bist du immer auf so große Männer abgefahren? Als Kind wurde ich mit meinem kleinen Vater gehänselt, dass ich ein Zwerg bliebe. War wohl auch der Grund, weshalb der Ödipuskomplex sang- und klanglos an mir vorübergegangen war. Armer Pa!

Wir erreichen die Platte. Von der leichten Brise aufgewirbelter Staub tanzt in den Sonnenstrahlen. Ich sage, die Leute sind heute so manipulierbar wie in Nazi-Deutschland. Was wir uns alles bieten lassen! Viele Naturheilmittel, die wirklich helfen, werden nicht von der Kasse bezahlt, weil die Pharma-Industrie wer weiß wen schmiert. Vielleicht steckt die Krankheitsmafia auch hinter dem Verbot des Süßkrautextrakts. Barbara Simonsohn hat ein

Buch über Stevia geschrieben. In Japan sind mehr als die Hälfte der Lebensmittel und Getränke mit diesem kristallinen Produkt aus Süßkraut gesüßt, auch Cola. Wieso drängen sie uns dieses Mistzeug Aspartam und die künstlichen Geschmacksverstärker auf, die für die modernen Seuchen verantwort... Jürgen unterbricht meinen Monolog: Vielleicht ist das wieder so eine Art Morgenthauplan, nur geht's da noch mehr zur Sache. Ich rufe, wow, na klar! Moderne Kriegsführung!

Immer forscher hetzen wir über Steine und Sand. Man muss sich das mal vorstellen: Da draußen im All gibt es massig Planeten mit verschiedensten Lebensformen. Und auf der Erde geht es seit Menschengedenken darum, wie ich meine *Zeitgenossen* am besten übervorteile, unnötig viel materiellen Reichtum anhäufe und den Ernährerplaneten zugrunde richte! Allein der Gedanke an die kosmische Gerechtigkeit beruhigt mich. Die Verantwortlichen glauben zwar nur an irdische Richter oder denken, sie könnten auf andere Planeten flüchten oder unter der Erde leben, sofern es oben undmöglich wird. Doch im nächsten Leben ist Buße angesagt.

Elmar sitzt vor seinem *LMC* und bittet uns, Platz zu nehmen. Er erzählt von einem, der sich eine Marokkanerin in den Camper geholt hat. Er würde so etwas nicht tun. Jürgen sagt, ein Freund von mir hat eine geheiratet.

Der lebt ständig im Stress mit dieser Frau, muss ihre Familie ernähren. Sie arbeitet nada. Wenn er von ihr verlangt zu kochen oder sauberzumachen, wirft sie sich auf den Boden und strampelt wie eine Verrückte. Diese Frauen reagieren nur auf Prügel. Der macht sich zum Hampelmann. Ich stehe auf, kicke einen Kiesel und sage, bescheidenes Schlusswort, ich geh jetzt. Die Versuche, mich zurückzuhalten missachtend, marschiere ich gen Fischerhaus. Von weitem sehe ich des Hauptmanns *911er*. Die beiden bereiten sich mit feinsten Datteln und einem *Sundowner* auf den Sonnenuntergang vor. Uschi sagt, Peter ist schon wieder weg. Oh je, ist's schon so spät? Da mach' ich mal gleich kehrt. Uschi reicht mir die edle Schale, nimm wenigstens eine mit auf den Weg.

Die Sonne hat ihr rotes Band über die Wolken gespannt. Immer schneller fliegen meine Beine. Als ich die Platte erreiche, versinkt unser Energie spendender Fixstern dunkelrot hinterm aufgerissenen Wolkenhimmel. Orange und rosarot glühen die Strahlen wie Feuer über dem schwarzblauen Atlantik. Dunkel ragt der Teufelsfelsen aus der tosenden Brandung. Als ich unseren *Hymer* erblicke, ist der Feuerzauber verblasst. Der Himmel hat sich in ein zartes Lavendelblauviolett verwandelt.

Feten, Sandstürme und andere Herausforderungen

Von Sonntag, bis Dienstag oder Mittwoch ist der fliegende Handel eingestellt. Auch die Läden sind zu. Am Montag feiern die Islamisten *Aid el-Kebir,* ihr wichtigstes Fest. Das Hammelfest soll an den Tag erinnern, an dem Abraham dem *lieben* Gott seinen Sohn opfern sollte. Als Gott sah, dass Abraham dazu bereit war, hielt er ihn auf, und das Kind war gerettet. Aus Dankbarkeit opferte Abraham ein Tier. Als ob Gott einen Vater so unter Druck setzen würde! Glaubst du, Er habe solche Tests nötig? Doch der Islam verlangt, dass Gläubige sich erkenntlich zeigen, wenn es ihnen im Vorjahr geschäftlich und gesundheitlich gut ging. Deshalb schlachtet jede Familie, die es sich irgendwie leisten kann, einen Hammel. Je näher zum Fest, desto teurer werden die armen Opferlämmer gehandelt. Zum Leidwesen vieler Kinder und erwachsener Tierliebhaber, denen die blökenden, an den Beinen gefesselten Schafe leid tun. Besonders wenn sie wochenlang in Hof oder Stall gehalten werden, da sie 6 Wochen vor dem Fest €150–200 kosten. 1–2 Wochen davor muss man €300 berappen. Nach dem *Fête de mouton* machen die Metzger Urlaub, da die Menschen das Fleisch bis oben hin satt haben. Reste gehen an Moscheen und werden an Bedürftige verteilt. Letztes Jahr kam Majids Schwester aus Mohammedia zu Besuch. Sie kochte Couscous mit Hammelfleisch. Den Rest bekamen *wir* Bedürftigen. Mir ist aufgefallen, dass die unangenehmen Sandstürme jedes Mal zur Zeit des Hammelfests toben. Ob die Geister auf das Fest pfeifen?

Wir laufen mit Rita und Hans nach Taghazout. Der feuchte Sand massiert Ballen und Zehen. Ich achte darauf, gleichmäßige Abdrücke zu hinterlassen und laufe, wie ein Model überkreuz. In der glitschigen Steinpassage mäandere ich um mit grünen Flechten bedeckte Felsen und nehme zwischendurch Fußbäder in mit Steinen gefüllten Pfützen. Als ich die rund 70 Meter überwunden habe, drehe ich mich um. Die Wahlschwaben haben die Mitte erreicht. Peter stakt mit seinen zarten Füßen noch im ersten Drittel herum. So eine frühere Inkarnation als barfüßiger Schäferjunge hat eben auch Vorteile.

Auf der Terrasse der *Auberge Taghazout* serviert Abdellah Getränke. Ich genieße frisch gepressten O-Saft bei relaxendem Rasta-Sound. Es ist eine Kopie genau der Kassette, die wir bei einem Trip nach Jamaika im Bob Marley-Museum in Kingston von Bobs Halbschwester Pearl erstanden hatten.

Von den Kollegen, die sich den Zaun €3,50 pro Tag kosten lassen, erfahren wir nichts Neues. Der Campingplatz wird kaum noch von uns Freistehenden genutzt. Früher brachten wir Briefe und Karten zur Rezeption. Heute fährt jeden Nachmittag ein neuer weißer Renault Lieferwagen der *La Poste* hupend durch die Reihen. Wir könnten immer auf unserem Platz bleiben. Morgens bringen die Jungs frisches Brot. Später liefern Lastwagen Frischwasser. Auch Obst, Gemüse, Fisch, Eier, Gebäck und Gebrauchswaren werden zu unseren mobilen Häusern gebracht. Alles andere gibt es in den Strandläden und den beiden Dörfern.

Den Rückweg nehmen wir über Haschhausen. Norbert, der den Sommer über in einer Trailersiedlung direkt am Main gegenüber der Uniklinik lebt, sitzt im Faltstuhl vor seinem Camper und schmökert. Er hat gerade erfahren, dass die Grundstückseigentümer die Siedlung auflösen wollen. Wenn er dort weg muss, weiß er nicht, wo er bleiben soll. Ich dränge zum Gehen. Mir ist kalt. Minuten vergehen. Ich lauf schon mal vor. Rita kommt mit. Eine Stunde später krabbeln wir den Hühnerweg hoch und sitzen, weil wir keine Schlüssel haben, vorm Camper und warten auf die Nachzügler; ich bibbernd. Mir fehlt der Speck auf den Rippen. Gebannt starren wir über den abschüssigen Geröllpfad hinweg und suchen den Strand nach unseren Männern ab. Bei langsam einbrechender Dunkelheit klappern meine Zähne immer lauter. Zum xten Mal füttere ich die grauen Windungen meines Großhirns mit dem Bit, *künftig das Wohnmobil nur mit Zweitschlüssel verlassen*. Rita sagt, hoffentlich verirrt sich nicht grade wieder so einer, du weist schon. Sie spielt auf den Erotomanen an, der kürzlich direkt vor ihrer Liege seinen Bengel hervorholte. Wenn es wenigstens ein schöner gewesen wäre. Die kesse Berlinerin schildert den Vorfall noch mal und sagt: Ich bin natürlich gleich in den Wagen gegangen. Aber was könnte ich *jetzt* machen? Ich sage, laut lachen. Das praktiziere ich seit meiner frühesten Kindheit, wenn mir nichts einfällt. Bin immer gut damit gefahren.

Lachen steckt an wie Gähnen und tötet Angst.

Die Gedankensternschnuppe des aufrecht im Gitterbett sitzenden Babys blitzt auf:

Ich spiele mit meinen Sachen in heimischer Dunkelheit. Plötzlich öffnet das mir vertraute große Mädchen die Tür und schaltet das Licht ein. Angst steigt auf! Wird sie schimpfen? Was soll ich tun? Zum schnellen Zurücklegen ist es zu spät. Wie hypnotisiert starre ich auf ihren Arm am Lichtschalter und halte die Luft an, als sie zum Schrank geht, um ein Handtuch herauszuholen. Beim Umdrehen entdeckt sie mich im Gitterbett sitzend. Ich bleibe sitzen und lache das mit dunklen Locken umrahmte schöne Gesicht lauthals an. Meine Mutter fällt in mein Lachen mit ein und überhört den von meinem Herzen purzelnden Stein. Sie sagt, leg dich jetzt hin und schlafe. Dabei schwingt in ihrer Stimme ein gewisser Stolz über ihr aufgewecktes, sich in der Dunkelheit nicht fürchtendes Mädchen mit.

So hat sich wohl mein *sonniges Wesen* entwickelt. Später erfuhr ich, dass ich noch nicht mal ein Jahr alt war, als ich die Lektion *Lachen tötet Angst* lernte. Als ich meiner Mutter dieses Erlebnis erzählte, fiel sie aus allen Wolken. Die von mir beschriebene Anordnung der Möbel machte ihr klar, dass diese Begebenheit aus einer Zeit rührte, als wir noch in der Waldstraße wohnten. Wir zogen von dort weg, als ich 10 Monate alt war!

Peter muss heute nichts arbeiten, nicht mal mit dem Motorroller zum Markt fahren. An

Geburtstagen verwöhnen wir uns gegenseitig. Ich schnalle mir den Rucksack um, trabe mit Hans und Rita an den Fischerschuppen vorbei über die Wiese zum Strand. 12 Minuten später erreichen wir den Marktflecken in Aourir. Ich kaufe 1 Kilo Erdbeeren, Zitronen, Pepperoni, je einen Bund Korianderkraut und Petersilie. Den Großeinkauf haben wir gestern im Marjane besorgt und dort Mike getroffen. In Marokko ist er, oh Wunder, jedesmal von seinen rheumatischen Beschwerden geheilt. Er habe entdeckt, dass es am Schweinefleisch liegt. Doch zu Hause kann er die ungesunden Sauereien nicht lassen.

Wer nicht auf Eisbein und Wurst verzichten kann, sollte Spirulina nehmen, da es Entzündungen hemmt und daher schmerzlindernd wirkt.

Zu Hause angekommen, mache ich mich an den Geburtstagskuchen, der nur aus drei Ingredienzen besteht. Da ich meinen elektrischen Quirl vergessen habe, muss ich die acht Eiweiße mit dem Schneebesen schlagen. Die Mandeln hab ich gestern schon gemahlen. Um 12:30 Uhr gebe ich den Teig in die italienische Grillpfanne mit dem Einsatz, der zum Schmoren und Kuchenbacken dient.

Hans und Rita erscheinen mit eigenem Gestühl. Später kommen Renate und Majid mit Lampions. Majid bastelt noch Windlichter aus Plastikflaschen. Ich bin heute mit dem

Womo verwachsen. Nur meine Arme spüren das laue Lüftchen, wenn ich mal einen Teller mit Kuchen, frischen Erdbeeren mit Sahne oder mehr Kaffee bzw. Tee nach draußen reiche. Im Camper hat es 28°. Im letzten Licht des Tages schimmert der Atlantik noch einmal blassblau, ehe er in Schwärze versinkt. Peter schürt das Lagerfeuer. Hans schleppt sich mit seiner Ziehharmonika ab.

Während ich mit dem Zerquetschen des Knoblauchs und dem Schnippeln des Ratatouille-Gemüses beschäftigt bin, krabbelt ein winziger Käfer, ähnlich einem Junikäfer, nur dunkler und schmaler, durchs Abtropfbecken. Er hatte sich wohl unter einem der straff am Strunk der Auberginen anliegenden Blätter verborgen. Das Gemüse wird hier meist verkauft, wie es geerntet wird. Nur auf Wunsch werden Blätter und Stängel entfernt. Ich schiebe meinen Finger unter den Käfer. Er erklimmt ihn. Ich bücke mich vorm Camper und blase ihn auf den Boden. Der arme Kerl muss sich in einer neuen Umgebung zurechtfinden. *Allah Ma' Aki*, Gott sei mit dir.

Nach den *Spaghetti Gourmet* (s. *Kulinarisches*) sowie reichlich Rotwein, Bier und für einige noch schärfere Sachen, die der kurzfristig neben uns wohnende Jürgen herbeigeschleppt hat, singen und tanzen wir durch die Nacht. Es ist immer noch um 20 Grad, eine der mildesten Nächte überhaupt.

7.2. Rita kommt mit ihrer Wasserflasche an die Tür, wir sind verabredet, zum Campingplatz zu laufen. Der Sonnenschein schlängelt sich um uns. Wir schnicken die Latschen von den Füßen und nehmen die ersten Schlucke aus unseren Flaschen. Ich ziehe mit den Zehen Kreise in den Sand und frage, was trinkst du da eigentlich, Kranheimer Spätlese? Ich hatte bemerkt, dass Rita immer dieselbe Evian-Flasche schleppt. Sie sagt, nein, wir haben 120 Liter von dem spanischen Wasser in den 5-Liter-Kanistern dabei, das ist viel billiger. Davon fülle ich mir in die Flasche. Auf der Rücktour füllen wir Diesel rein. Ich sage, Hans kann nicht verleugnen, dass er Schwabe ist. Er war wohl auch an der Erfindung des Kupferdrahts beteiligt. Hat den Pfennig so oft umgedreht, bis daraus Draht wurde. Weißt du, wie der Gran Canyon entstanden ist? Nee. Da hat ein Schwabe ein 50-Cent-Stück verloren. Rita gefällt das Bild des grabenden Schwaben.

Plötzlich flattern mir Gedanken zu, die, von meiner Zunge eiligst übertragen, ganz wie von selbst aus mir heraussprudeln: Aber wir kommen nicht auf die Welt, um an den materiellen Errungenschaften des jeweiligen Lebens zu wachsen, sondern an den Geistigen. Unsere Seele erfährt innerhalb der Materie des Fleisches einen geistigen Wachstumsprozess, der sich an kosmischen Gesetzmäßigkeiten orientiert. So folgt auf jede Aktion im Universum eine Reaktion. Jeder Gedanke, jedes Wort und jede Tat ist in einer kosmischen Bibliothek, den Akasha-Protokollen, festgehalten. Sie dienen der Überprüfung. Jedes Mal, wenn du deine fleischliche Hülle verlässt, kannst du anhand dieser kosmischen Aufzeichnungen prüfen, ob dein Leben nach Plan verlaufen ist. Falls du den einen oder anderen vorgenommenen Aspekt außer Acht gelassen hast, kannst du bei günstigem Zeitpunkt bzw. Stand der Sterne reinkarnieren, um in einem neuen Leben Nachbesserungen vornehmen zu können. Dein verstorbener Mann könnte so als deine Enkelin auf die Welt gekommen sein, um zu üben, weniger eifersüchtig zu sein. Rita fragt, und wozu das alles? Um geistig zu wachsen und von Liebe durchdrungen zu sein. Die stärkste kosmische Kraft ist die Liebe. Sie steht dafür, im Einklang mit der gesamten Schöpfung zu leben. Jedes liebe Wort, jede gute Tat, die aus dem Herzen kommend, in die Welt gesetzt wird, bildet Wellen. Sie erreichen die Herzen unserer Mitmenschen. Jedes Herz, das wir durch unsere Liebe öffnen, wird zum Multiplikator dieser universalen Liebe und verändert die Welt.

Wenige Minuten nach unserer Rückkehr kommt Rita mit einer kurzen Latzhose aus hellblauem Jeansstoff und sagt, die Marokkanerinnen dürfen so etwas doch nicht tragen. Die steht dir bestimmt gut. Daran zweifele ich nicht, da ich dieses Erlebnis vor einigen Monaten geträumt habe. Ich gehe mit der Hose, einem passenden Shirt und einem Gürtel ins Bad. Letzteren brauche ich, um die Weite zu bändigen. Zufrieden betrachte ich meinen Oberkörper im Spiegel, die noch festen Arme und die, gemessen an den Schultern, sehr schmale Taille, die knabenhaften Hüften und den noch knackigen Po. Mit verzeihender Nachsicht wandert mein Blick auf die nicht mehr so festen Oberschenkel. Als ich noch zum *Gym* ging und sie mit jenem Gerät fit hielt, das an den Besuch beim Gynäkologen erinnert, waren sie noch stramm. Ich könnte auch jetzt etwas dagegen unternehmen. Doch sobald die Kleider drüber fallen, ist der Vorsatz vergessen. Genauso ist es, wenn ich mein ungeschminktes, nicht mehr frisches Gesicht anschaue, das aber mit seinem munteren, unbeständigen und energischen Ausdruck noch jugendlich wirkt. Mit den bereits erwähnten isometrischen Übungen könnte ich bei zweimaliger Anwendung täglich ein beachtliches Faltenmanagement erzielen. Doch die Blicke in den Spiegel werden selten, und über die Augen des Partners ziehen mildernde Schleier. Lieber Falten als Speck, denn Falten tun nicht weh. Dicke haben zwar kaum Falten, dafür aber oft schmerzende Gelenke. Das Knochengerüst ist nicht für übermäßige Gewichtsmassen ausgelegt.

Wieder mal das Übliche im Fernsehen: Angst und Terror auslösender Kram. Was geht in diesen jungen *Gotteskämpfern* vor, wenn sie sich zwischen Hoffnung und Ohnmacht immer wieder treffen, um ihre Attentate zu planen? Sie sprechen leidenschaftlich von Allah und der Revolution und begreifen nicht, dass sie in ihrer unerträglichen inneren Zerrissenheit den Weg gehen, der sie immer mehr von Gott entfernt. Gandhi und Mandela haben mit Gewaltlosigkeit mehr erreicht, als alle Bombenleger und Selbstmordattentäter zusammen. Während die beiden im Sinne religiöser Propheten gegen Ungerechtigkeit und Unfreiheit gewaltlos vorgingen, sind die oft gewissenlosen Taten der radikalen *Gotteskämpfer* lediglich ein wirkungsloses Gegengewicht zu ihrer Machtlosigkeit und ihren aufgestauten Gefühlen.

11.2. Willi und Gerti stehen seit einigen Tagen in der Nähe von **Aglou Plage**. Wir wollen die beiden wieder einmal sehen. Außerdem benötigen wir Gas. Das ist in Tiznit nur halb so teuer wie in Agadir. Von Aglou Plage aus rufen wir an. Gerti will an die Straße laufen, damit wir sehen, wo wir abfahren müssen. Es sind ca. 16 km in Richtung **Sidi Ifni**, jener Stadt, die bis 1969 zu Spanien gehörte. Wir fahren an winkender Frau und wedelndem Hund vorbei, die es noch nicht ganz bis zur Straße geschafft haben. Peter hat es immer eilig. Im nächsten Ort rufen wir an. Zum Glück hat Gerti ihr Handy dabei. Drei Minuten später fallen wir uns in die Arme. Ich gehe mit den beiden, lasse Peter allein die 1½ Kilometer lange Holperstrecke bewältigen.

Wir genießen die Ruhe. Willi sitzt einsam mit seiner Angel am Strand. Nur sein Rücken ist zu sehen. Nach einer Stunde trottet er herbei: Nichts gefangen. Während die Männer zwei Partien Schach spielen, die Willi beide verliert, versprüht Letzterer seinen berühmten Wiener Schmäh. Ist wohl nicht sein Tag. Es tut gut, den Rummel von Taghazout hinter sich zu lassen. Ich freue mich über die bunten Steine, die in der Nähe des Schiffs-wracks liegen. Im Geist habe ich sie schon unterschiedlichen Blumenbänken und -schalen zugeordnet. Muschelliebhaber kommen hier auch voll auf ihre Kosten.

12.2. Willi baut die Angel auf, in der Hoff-nung, endlich den Fisch fürs Mittagessen zu fan-gen. Derweil gehen wir drei auf Stein- und Mo-tivsuche und entdecken traumhafte Muschelbän-ke, ein Meer voller Steine und rosa Marmor-formationen. Ich trinke meine Wasserflasche leer und stopfe kleine bunte Kiesel rein. Wir geben der Gegend den Namen *Marmor Beach*. Peter freut sich über eine gelb blühende, ein-sam im Sand stehende Wüstenblume und bannt sie digital. Erschöpft erreichen wir unsre Appar-tements auf Rädern. Willi strahlt: Gerti nimmt den dicken Fisch gleich aus. Den Brunch haben wir heute verdient. Und, weil das Glück selten allein kommt, gewinnt Willi am Abend beide Schachspiele hintereinander.

13.2. Ein grüner Plastikeimer, halb voll mit Muscheln, steht vor der Tür. Ich schiebe ihn lustlos in den Schatten. Nett gemeint vom Belgier, der als einziger anderer Camper, hun-dert Meter entfernt, die Einsamkeit mit uns teilt. Bin von dieser Aufmerksamkeit wenig begeistert, weil wir in der vergangenen Wo-che auf zwei Exemplare reingefallen waren, die Hans uns zum probieren aufgedreht hatte. Peter litt drei Tage lang. Ältere Leute und solche mit schwachem Immunsystem essen

besser gar keine Schalentiere, andere nicht öfter als einmal im Monat. Weiterer Nachteil: Man verbraucht viel Süßwasser, um Muscheln zu reinigen. Ich bringe den Eimer zu Gerti. Sie wehrt strikt ab: *Ü wüll se neet.*

Wir wandern am Strand entlang in Richtung Aglou Plage. Ich fotografiere einen Schäfer: Er wäscht inmitten der rosa Felsen seine Tiere! 2 Stunden später erreichen wir müde von der Erkundungstour den Camper. Mit schief hängendem Magen bereite ich unsere erste feste Mahlzeit zu. Der Belgier taucht auf, setzt sich auf unsern Campingstuhl und bittet mich, zu ihm zu kommen. Während das Brot in der Italo-Pfanne mit etwas Wasser zu alter Frische brutzelt, erklärt er mir, warum **Muscheln** zum Problem werden können:

Der Bart und alles, was heraushängt muss mit dem Messer abgeschabt und mehrmals gereinigt werden.

Das ist nett von Ihnen. Ich werde es Hans sa-gen, damit er seine Nachbarn nie mehr ver-giftet. Jetzt muss ich rein, mein Brot brennt an. Wir haben heute noch nichts gegessen. Der Belgier steht brummend auf und geht davon. Ich rufe ihm hinterher, danke noch mal für den Tipp. Es tut mir leid, dass ich jetzt so wenig Zeit habe. Der Alte meckert weiter. Peter sagt, das hast du von deiner Ehrlich-keit. Die Leute sind nur zufrieden, wenn sie belogen werden. Hättest sie besser ins Meer geworfen und gesagt, vielen Dank, die werden uns sicher schmecken. So spricht der Sohn des königlichen Kaufmanns zur Tochter des handlungsreisenden Predigers. Ich hab dir von Anfang an gesagt, dass du in der Politik besser aufgehoben wärst. Da hättest du ge-nug Gelegenheit, die Leute mit deinen Lügen zu beglücken. Und wir hätten ausgesorgt.

14.2. Durch zerklüftetes Geröll geht's zu-rück zur Straße. Uns bleibt die Wahl, über Felsbrocken zu holpern oder in Sandbetten zu versinken. Die Federung stöhnt. An allen Ecken und Enden knarrt und quietscht, in den Schränken klappert und klirrt es. Doch das Stützlager hält. Am Campinglatz in Tiznit erfragen wir den Weg zum Gaswerk.

Am Kreisel vorm Campingplatz links Richtung Tafraout. Nach ca. 1km links abbiegen, einige 100 m weiter links.

15. 2. Bei unserer Wanderung zum Campingplatz treffen wir Manne. Der Meppener ist von seiner Pistentour zurück und berichtet, was ihm mitten in der Wüste beim Pinkeln auffiel: Sein Motorrad war weg. Ein Eisenbolzen war gebrochen. Er gleich wieder umgedreht, nach 20 km seine Maschine einsam und verlassen auf der unbefestigten Fahrbahn liegen sehen, sie wieder aufgeladen und behelfsmäßig festgebunden. Rita und ich gehen schon mal weiter, während die Männer noch schwatzen. Bernhard, ein ehemaliger Langstreckenläufer, kommt uns entgegen. Er fragt, wo steht ihr denn? Ich sage, am Teufelsfelsen, aber wir werden bald nach Haschhausen umziehen. Wo ist das denn? Beim Fischerhaus, manche nennen es auch Hurenhausen. Für jemand, der Bücher schreibt, der geeignete Ort zum Recherchieren. Immer was los. Bernhard sagt, ich verstehe nicht, dass man etwas mit einer Einheimischen anfängt, die sind doch so schmutzig. Sein Generalisieren pariere ich verschmitzt: Wir haben doch Duschen an Bord. Er übergeht meinen Einwand: Ich hab nie verstanden, wieso Männer zu Nutten gehen. Ich brauche das nicht. Ich sage, vielleicht schämen sie sich ihrer Sonderwünsche wegen. Oder das Verruchte reizt. Und wer behindert oder hässlich wie die Sünde ist, kriegt sonst keine hübsche Frau ins Bett.

Wir finden unsere Männer nicht und laufen allein zurück. Ich bin mal wieder ohne Schlüssel unterwegs. Rita stellt Walnüsse aus eigener Züchtung auf den Campingtisch. Viel darf ich davon nicht essen, da sie viel der Aminosäure Arginin enthalten. Da muss ich aufpassen und genug von der Gegenspieler-Aminosäure Lysin zu mir nehmen, um einen Ausbruch des **Lippenherpes** zu verhindern. Lysin ist am meisten in frischem Fisch, Huhn, und Ziegenmilch zu finden. Wer mit dem Herpessimplex-Virus zu tun hat, sollte nach Meinung der Schulmediziner das Küssen unterlassen. Doch keine Angst, die Liebe braucht nicht zu erkalten, denn ich habe früher, als ich noch nicht wusste, wie ein Ausbruch zu verhindern war, niemanden angesteckt. Auf Negerküsse würde ich allerdings verzichten, am meisten aber auf Hasel- und Erdnüsse, da diese dreimal mehr Arginin enthalten, als andere Nüsse, Mandeln und Schokolade. Bei uns gibt es leider keinen *Trader Joe's* (US-Ladenkette der Gebr. Albrecht), wo 100 500 mg- Lysine-Tabletten nur €2 kosten. Warum eigentlich nicht? Herpesgeplagte müssen hier das zehnfache berappen. Wenn sie 1 Tasse Erdnüsse mümmeln, brauchen sie 8 Tabletten um einen Ausbruch zu verhindern. Das läppert sich!

Ich angle mir aus dem Zeitungsständer des Schwäbisch Berliner Camper-Kollektivs eine GEO mit dem Titel: *Tabu-Thema Bombenkrieg: Verbrechen gegen die Deutschen?* Den Artikel verschlingend denke ich, besser nicht darüber zu schreiben. Sonst wird es bei Amazon wieder zum politischen Buch abgestempelt, wie mein *Übersinnlich in L.A.*, wohl eine Art moderne Bücherverbrennung. Doch wenn ich bedenke, dass die Briten 2002 Winston Churchill vor dem Architekten Brunel und Lady Di zum *Bedeutendsten Briten aller Zeiten* wählten, sollte die Geschichte doch besser noch mal aufgerollt werden. Dann würde eher George Orwell in der BBC-Umfrage führen. Denn genau diese *Verwandlung der Vergangenheit* als Grundsatz des *englischen*

Sozialismus hat der Visionär in seinem Roman *1984* klar vorausgesehen. Sein Werk ist heute aktueller denn je. Denk an Abhöraffären und implantierte Mikrochips! Ab 2015 sollen alle Babys den Chip als Personalausweis erhalten. Remarques Werk *Im Westen nichts Neues* war schon in meiner Kindheit eines meiner Lieblingsbücher. Es wurde damals gelogen und es wird heute gelogen, um einen Vorwand für eine Intervention zu haben. Auch der australische Geschichtsprofessor Christopher Clark zeigt das in *Die Schlafwandler*, sein Buch zum 100. Jahrestag des Ausbruchs des 1. Weltkriegs. Jung sagte, *man wird nicht dadurch erleuchtet, dass man sich Lichtgestalten vorstellt, sondern durch Bewusstmachung der Dunkelheit.* Hätte ich das Sagen, würde ich mit finanziellem Anreiz alle Länder auffordern, ihre Schandtaten bis in die Frühgeschichte aufzudecken. Ein globales Gremium könnte sich um eventuell zu leistende Entschädigungen bzw. Rückzahlungen kümmern. Wenn uns dann bewusst wird, dass wir alle gleich *gut* und gleich *schlecht* sind, würden alle Menschen jedes Jahr an einem globalen Trauerfeiertag aller Opfer gedenken. An einem Geniertag könnten wir uns für alle begangenen Verbrechen schämen, und an einem Ehrentag uns beglückwünschen, dass wir alle Lebewesen achten und gut behandeln.

Annäherung an die Vergangenheit

Ein abgerissener Fischer kommt am späten Nachmittag an die Tür und fragt nach Brot. Peter, sagt, viel Auswahl haben wir nicht, aber eins mit Käse kannst du haben. Er schneidet das runde Brot auf. Sein Duft steigt mir verführerisch in die Nase. Peter streicht Butter auf, zerteilt eine Ecke Käse darüber, klappt es zusammen und überreicht es dem Marokkaner. Ich drifte in die 1950er und 1960er Jahre:

Meine Oma verteilte auch Brot und Suppe

an Hausierer. Es war die Zeit, in der die Menschen vom Staat nichts erwarteten. Viele besorgten sich Wandergewerbescheine und verkauften Gebrauchsgegenstände und Naturalien. Sie kamen mit Bürsten, Schnürsenkeln oder irdenen Töpfen. Oma kaufte nicht immer etwas, bot aber in der Wohnküche Suppe an. Früher gab es vor jeder festen Mahlzeit eine flüssige, was Sinn macht, da zur Verdauung H_2O gebraucht wird. Nimmst du vorm Verzehr von fester Nahrung kein Wasser oder keine Suppe zu dir, holt sich der Körper das benötigte Nass von den Zellen und trocknet aus.

Die von Tür zu Tür gehenden Menschen nährten unser Bedürfnis nach Unterhaltung. Später folgten die dunklen Nachmittage. Wir besaßen den ersten Fernseher im Viertel. Die Kinder aus der Nachbarschaft kauerten bei heruntergezogenen Rollos im Halbkreis vor der Flimmerkiste. Danach kamen die Nachbarn zum Telefonieren, da wir uns die erste Fernsprechleitung legen ließen. Heide Kraft holte meine Mutter einmal mitten in der Nacht aus dem Bett, weil die in USA verheiratete Tochter unserer Nachbarn den Zeitunterschied vergessen hatte. Dafür rächte ich mich bei ihr am 1. April. Ich sehe die Szene vor mir, wie die verhärmte Frau wieder und wieder in die schwarze Sprechmuschel rief. Bis ich vor Vergnügen April, April jauchzte. Immerhin konnte ich ihr ein bezauberndes Lächeln entlocken.

Ohne die Zeit zurückdrehen zu wollen, zweifle ich aber daran, dass unser Leben heute so erstrebenswert ist. Maschinen klauen unsere Arbeit. Besonders in Deutschland geht es hochgradig technisiert zu. Immer mehr Bürger fragen, ob in ihrem Interesse gewirtschaftet wird. Als fahrendes Volk sehen wir, dass es auch anders geht. Und wir genießen ein paar Monate lang in unserer rollenden Stube die zwischenmenschlichen Beziehungen unter den

Campern und den Einheimischen.

20.2. Ich sitze auf der oberen Stufe des Hymers und schaue, wie sich der Himmel über den Berghängen von Aourir mit einer drohenden Schwärze überzieht. Über mir ist er noch sattblau. Doch die stechende Sonne mahnt ein herannahendes Gewitter an. Ein pelziges Gefühl im Rücken tritt als erhärtender Faktor hinzu. Rollte da nicht schon ein Donner in der Ferne? Egal, wir wollen sowieso nach Agadir fahren, um einzukaufen und Frischwasser zu tanken. Wenn es feucht wird, flüchten viele Camper zur Metropole, da sie dort vor Hotels oder nahe der Promenade auf festem Boden stehen. Hier kann man ein paar Tage festsitzen, wenn es lange regnet. Einige geraten so in Panik, dass sie beim ersten hohlen Klopfen der Regentropfen ihre Dieselmotoren anwerfen und sich in die Prozession der *Milchwagen* einreihen.

Auf der Straße von Agadir nach Inezgane stehen alle 20 Meter Uniformierte der Militärgarde. Das bedeutet: Der König fährt heute noch durch. Das Wasser an der Tankstelle läuft extrem langsam. Ich kann mir in der Zwischenzeit die Haare waschen, und wir haben noch Zeit zum Brunchen. Gegen 14:00 Uhr sind wir auf dem Weg zum Souk. Die Truppen sind wieder abgezogen. Peter stürzt sich ins Marktgewühl.

Lebensmittel und Haushaltswaren sind auf dem Souk günstiger als in den Großmärkten.

Ich bleibe auf dem Beifahrersitz und warte gegenüber einem Café mit Cola-Reklame. Zwei Männer in dunkelbraunen Kutten und Strickmützen sitzen rechts und links vorm Eingang und halten Maulaffen feil. Eine vorbeischlendernde bunte Schar von Schülerinnen, ein Bettler, der gelbe Plastikflaschen aus dem Müllcontainer fischt, farbenfroh betuchte Marokkanerinnen... ich würde gern ein Foto nach

dem anderen aus dem offenen Fenster schießen, traue mich aber nicht. Bin hin- und hergerissen zwischen dem Anspruch, Fotos fürs Buch zu ergattern und dem Bedürfnis, nicht in die Privatsphäre der Leute zu dringen. Ein älterer Mann in blauem Kittel und weißer Kappe kommt auf mich zu, streckt mir seine Hand durchs Fenster und fragt, wie es mir geht. Er sagt etwas auf Französisch. Es hat mit dem Fotografieren zu tun. Ich deute auf meine Bücher und sage, ich schreibe ein Buch über Marokko. Er fragt, *Allemande?* Ich sage ja. Das stimmt ihn gnädig. Er schaut noch einen Hauch freundlicher und gibt mir wieder die Hand. Ich lächle eine welke, verbittert wirkende Frau in brauner Dschellaba mit weißen Streublumen an. Sie strahlt zurück. Dabei hellt ein inneres Leuchten ihre herben Züge auf und gibt ihrem Gesicht einen Hauch von Weichheit zurück. Müde scheint die Sonne durch einen Dunstschleier. Vier junge Verkehrspolizisten in rot gestreiften grauen Westen rasen auf leichten Zweirädern vorbei. Sie stoppen ein weißes Mercedes-Taxi und kontrollieren die Insassen. Die übliche Hektik, wenn der König in Agadir weilt.

Letztes Jahr fuhr uns an so einem Tag ein Laster ins Heck, direkt gegenüber dem Zementwerk. Ich bat den Pförtner, die Polizei anzurufen. Er fragte, ist jemand verletzt? Ich sagte: Nein. Dann kommt die Polizei nicht. Er gab seinem Kollegen Bescheid, dass er für eine Weile weggeht und ging mit mir zum Wagen. In rührender Weise nahm er sich unser an, schickte den Unfallverursacher zum Tabakladen, um ein Unfallprotokollformular zu holen, das er dann ausfüllte. In der Zwischenzeit waren Renate und Majid, per Handy informiert, vom Bananendorf gekommen. Gemeinsam fuhren wir zur Polizei, um uns das Protokoll bestätigen zu lassen. Der Beamte sagte, das ist Sache der Versicherung des

Unfallgegners. Wir fuhren erst mal alle heim. Das Unfallprotokoll schickten wir nach Casablanca und hörten nie wieder von der Sache. Wir hätten uns die Mühe sparen können. Zwar haben wie eine Vollkasko-Versicherung, aber die Prämien steigen dann eben.

Der fünfte Bedürftige wühlt im Müllcontainer. Junge Männer mit Tabletts voller Gläser duftenden Minztees in Silberkannen eilen in alle Richtungen. Peter braucht lange. Womöglich hat er jemanden getroffen. In Agadir begegnen wir mehr Bekannten als in Frankfurt. Nach einer satten Stunde kommt er beladen mit allerlei Gebrauchsgegenständen an die Tür. Wir beschließen, in die Werkstatt zu fahren, die den Unfallschaden vom letzten Jahr für kleine Kasse reparierte. Peter will die Felgen des Hymers lackieren lassen. Der Werkstattleiter begrüßt uns mit Hallo wie alte Freunde. Obwohl wir nur mal fragen wollen, lässt er seine Jungs gleich anfangen.

Das Handy klingelt. Meine Mutter sagt, ich war bei meinen Vermietern. Sie sind nicht böse, dass du Nushins Herkunft verwechselt hast. Ich sage, gut und denke, die beiden wurden ihr vom Himmel geschickt. Nach dem Tod meines Vaters stand das Bahnwärterhaus leer. Alle früheren Mieter aus diversen Ostblockländern und selbst einige Obdachlose konnten sich Häuser bauen oder kaufen. Meine Mutter war ganz verzweifelt, da sie keine Mieter fand. Irgendwann schlug sie die Zeitung auf und las die Suchanzeige von zwei Künstlern aus Darmstadt. Dabei hatte sie das Gefühl, die Anzeige sei genau für ihr leer stehendes Haus aufgegeben worden. Als sich das Paar vorstellte, fand sie beide sehr nett, doch ließ sie Nushins *Hippiekleidung*, ihre xxxlangen türkisfarbenen Fingernägel und das klapprige Auto an ihrer Solvenz zweifeln.

Peter klopft ans Fenster, fragt, ob ich einen Tee möchte. Der Werkstattmeister strahlt übers

Mondgesicht und zelebriert die traditionelle Minzteezubereitung. Mit gekonntem Schwung gießt er den *Whiskey Maroccain* in die Gläser. Alle Arbeiter und Kunden sind eingeladen. Einige umkreisen das als Stehtisch verwendete Fass. Ein Mann in seegrünem Kapuzenmantel ruft mir zu, schöne Berge. Ich frage, wo? Peter sagt, er wollte nur was auf deutsch sagen. Ich tauche in die allgemeine Fröhlichkeit mit ein und spendiere ein paar Datteln. Kurz nachdem die Felgen lackiert sind, fängt es zu nieseln an. Wir bleiben daher über Nacht in der Werkstatt. Der Chef bietet uns Strom an. Er wohnt gleich nebenan. Während wir ihn, durch eine nackte Glühbirne beleuchtet, in seinen armseligen Räumen hantieren sehen, hält uns der Mond seinen wolkenverhangenen Bauch entgegen. Ich schaue ihn an und spüre, wie mir das Blut träger durch die Adern fließt. Wir hätten nicht so bescheiden ablehnen sollen, denn unsere Solarzellen konnten sich bei dem bedeckten Himmel kaum aufladen.

21.2. Beim Aufwachen sitzt mir der Traum von schwarzen Blutsaugern im Nacken. Zwei zwitterhafte Insekten trieben auf meiner Kopfhaut ihr Unwesen. Halb schwarze Witwe, halb Zecke. Die blutrünstigen Gesellen versteckten sich unter meinem Haar. Jedes Mal wenn ich sie entdeckte und abschüttelte, kamen sie kurze Zeit darauf größer und furchterregender zurück. Was mochte diesen Traum ausgelöst haben? Vielleicht meine derzeitige Lektüre *Du wolltest fliegen* von Parvin Darabi. Ihre Schwester, die in den USA ausgebildete iranische Ärztin und Friedenskämpferin Homa Darabi hatte sich am 21.2.94, auf einem bevölkerten Platz in Teheran mit Benzin übergossen und in Brand gesetzt. Um gegen die Verletzung der Menschenrechte und die fundamentalistischen Gesetze in ihrem Land zu demonstrieren. Um etwas zu verändern. Es ist unbegreiflich, dass 15jährige Mädchen zu

Peitschenhieben verurteilt werden, weil eine ihrer Haarsträhnen so dreist war, unterm Kopftuch hervorzublitzen. Doch viele Eltern sahen sich gezwungen, Dr. Darabi zu bitten, ihren Töchtern Unzurechnungsfähigkeit zu bescheinigen. Denn, sie wollten lieber eine gesellschaftliche Ächtung ihrer Kinder in Kauf nehmen, als sie durch den Strafvollzug zu verlieren. Sie hatten Angst, die Mädchen könnten das Auspeitschen nicht überleben. Zudem sind psychische Probleme in der Folge sowieso wahrscheinlich. Vielleicht war mein Traum aber auch eine Reaktion auf die gestrige Wahl zum siebten Parlament der isalmischen Republik. Die konservativen Blutsauger und Folterknechte, die das Land ins tiefste Mittelalter stürzen wollen, mögen ihn ausgelöst haben. Nur 30% der Iraner haben gewählt. Die Macht der restlichen 70% kann hoffentlich verhindern, dass der mickrige Schössling der Reformen zertrampelt wird. Alle Frauen müssen in der Öffentlichkeit das Kopftuch, den Hijab, tragen. Wären die damit verbundenen Leiden nicht so betrüblich, könnte man losbrüllen vor Lachen, wenn von Mädchen und Frauen verlangt wird, sich ganz in Schwarz zu hüllen und die Haare schwarz abzudecken. Denn, Schwarz ist die Farbe der Macht und Herrschaft. Nur: Frauen müssen ihre Macht endlich erkennen und ausleben! Widerstand leisten gegen den Unsinn, den Männer praktizieren. Die in Somalia geborene niederländische Politikerin und Autorin des Buches *Ich klage an*, Ayaan Hirsi Ali, schrieb das Drehbuch des islamkritischen Kurzfilms, dem der Regisseur Theo van Gogh zum Opfer fiel. Aufgrund ihrer Texte ist sie höchst gefährdet. Sie schreibt z. B., der Prophet Mohammed erinnere sie an Bin Laden, Khomeini und Saddam. Nach westlichen Maßstäben sei er, der die Ehe mit einer Neunjährigen (Aischa) vollzog, *ein perverser Mann*, ein *Tyrann*. Er ist ein Vor-

bild aller Muslim-Männer und man brauchte sich deshalb nicht zu wundern, dass so viele gewalttätig seien. Ihr wird vorgeworfen, das Kind mit dem Bade auszuschütten. Dagegen wird Irshad Manjis Buch *Der Aufbruch* gelobt. Es fand in den hiesigen Medien kaum Beachtung, da die Autorin als *Gläubige* zu ihresgleichen spricht, statt wie Hirsi Ali ins Lager der *Ungläubigen* zu wechseln. Weitere Bücher über das Thema unterdrückte Frauen im Islam: *Die fremde Braut* von Necla Kelek oder *Wüstenblume* und *Schmerzenskinder* der ebenfalls in Somalia geborenen Waris Dirie. Eine Frau schnitt dem Topmodel ohne Betäubung unter himmelschreienden hygienischen Verhältnissen äußere und innere Schamlippen sowie Klitoris ab. Vorsichtig geschätzt leben weltweit 150 Millionen Mädchen und Frauen mit Genitalverstümmelung (FGM), davon ½ Million in Europa! Jährlich werden rund 3 Millionen Mädchen verstümmelt. Die FGM ist eine Vergewaltigung, die sich auf eine kulturelle Tradition beruft. Tatsächlich geht es um Macht und Kontrolle über Frauen. Die Sexualität der Frau soll zerstört werden. Bei jeder Geburt wird wieder geschnitten und zugenäht. Und da wundert sich die wissenschaftliche Welt, warum in Afrika AIDS gleichmäßig über die Geschlechter verteilt ist! Es ist doch ganz offensichtlich: Männer nehmen Drogen und rauchen Opium oder Marihuana. Frauen werden immer wieder verletzt und für jede Drecksarbeit eingesetzt, vor allem für das Arbeiten mit bei uns längst verbotener Pestizide. So wird das Immunsystem systematisch zerstört, da es ständig überfordert wird.

Männer wissen, dass Frauen stark sind, Frauen auch. Doch viele lassen sich unterdrücken und ihre Weisheit instinktiv auf quijotische Weise abwürgen. Oder sie setzen sich Bevormundung, Erniedrigung, Ungerechtigkeit, Folter und Verbrechen aus. Wir lernen besser, unsere Stärke zum Wohl aller zu nutzen.

22.2. Wir sind umgezogen, stehen nun in der Nähe des Fischerhauses, wo wir im letzten Jahr die meiste Zeit verbracht hatten. Am Teufelsfelsen waren wir Rita und Hans zuliebe länger geblieben, obwohl wir so manche Nacht aufrecht im Bett saßen und gebannt der donnernden Gischt lauschten. Die tosende Brandung schien das Wohnmobil jeden Moment mit sich reißen zu wollen. Wir müssen jetzt die im Souk gekaufte manuelle Schüssel wieder montieren, aufstellen und ausrichten; eine nervige Angelegenheit, die uns Gelegenheit gibt, unsere diabolischen Seiten auszuleben.

23.2. Willi und Gerti sind zurück vom Süden. Ihre Schüssel samt LMB sind geklaut worden. Gerti sagt, *mir san sölber schuld*. Der Hund hatte angeschlagen, aber sie waren zu faul, ihn rauszulassen. Ich sage, na, Willi wird wohl gelästert haben, dass unsere Oyster schon wieder den Geist aufgegeben hat. Da hat er gleich selber sein Fett abbekommen. Hab lang gebraucht, dieses Prinzip Ursache - Wirkung zu erkennen. Achte selber mal auf deine Aktionen und die Reaktionen darauf! Die kleinen Sünden straft der liebe Gott sofort. Gerti sagt, komm in 10 Minuten rüber. Wir schauen mal nach Gabi und Reinhard. Die müssten von Dakhlar zurück sein. Als ich zum *Iveco* der Österreicher komme, steckt Gerti mir mit Verschwörermine eine Zigarette mit Feuerzeug zu. Sie flüstert, Willi soll nicht

merken, dass ich noch rauche. Er hat das Laster ganz aufgegeben. Aber ich rauche noch 2 oder 3 am Tag. Wir finden den *Clou Camper* der Rügener. Gabi erzählt von der Heuschreckenplage im Süden des Landes und schenkt uns frisch eingemachten grünen Pfeffer.

Sexologie & Wünsche unterm Mondvorhof

24.2. In Marokko bebt die Erde. Drei Erschütterungen innerhalb von 24 Stunden: Nach den Beben in Frankreich sind nun Mazedonien und Marokko betroffen. Die aus Lehm errichteten Häuser sind fast völlig zerstört. Das Beben in Frankreich liegt über einer geologischen Schwächezone entlang von Rhône und Rhein, mitten in der europäischen Platte. Mit 10%iger Wahrscheinlichkeit könnte Aachen ein Erdbeben der Stärke 7 haben. Dort würde ich nur nach kalifornischer Art bauen: Holz- oder Stahlgerüst und Gipsplatten. Wieso bebt die Erde in jüngster Zeit so oft? Weil wir ihr die Nährstoffe rauben! Allein im Baikalsee im Süden Ostsibiriens werden jährlich rund 3000 Beben registriert. Dort wird der Raubbau an Bodenschätzen besonders rigoros betrieben, da die Gegend um den tiefsten Binnensee der Erde reich an Metallen ist.

3.3. Wie jeden Tag schockt die Flimmerkiste mit einer Litanei von Verbrechen: 270 Menschen in Kerbela getötet, der belgische Kinderschänder Dutroux vor Gericht. Auch Prominente sollen in diesem Morast stecken. Zeugen seien beseitigt worden. Danach wieder die verbrecherische Ausbeutung der Steuerzahler: einzelne Giersäcke bekommen den Hals nicht voll genug. Es geht um überhöhte Förderungen beim Bau. Sie macht Arme ärmer und Reiche reicher. Warum müssen wir für alle Fehler der Politiker geradestehen, ohne direkt politisch zu partizipieren? In USA können Bürger in ihren Bundesländern über Maßnahmen oder Gesetzesänderungen entscheiden.

Deutsche halten Amerikaner für apolitisch, da die Wahlbeteiligung so gering ist. Müssten wir bei jeder Wahl 20 Entscheidungen treffen und dafür 40 Seiten über Pro und Kontra lesen, um zu wissen, worum es geht, wäre die Wahlbeteiligung bei uns auch geringer. Ich komme mir jedes Mal veräppelt vor, wenn ich mein Kreuz mache und hoffe, irgendwann doch mal eine echte Demokratie erleben zu können, wo aufs Volk gehört wird. Wieso können wir nicht wie in USA auf Landesebene direkt politisch partizipieren? Befürchten die Landesherren, nicht mehr mit den Steuergeldern aasen zu können? Statt Subventionen und Förderungen, bei denen das von den Massen erarbeitete Geld zugunsten weniger Privilegierter umverteilt wird, sollte es Steuererleichterungen für alle geben. Würden unsere Gehälter weniger besteuert, wären wir auf staatliche *Förderung* nicht angewiesen und brauchten uns weniger als Bittsteller zu fühlen. Wir könnten ein Haus ohne Zuschüsse errichten. Hätten also das, was uns zusteht. Sollen die Bürger nicht wütend werden, wenn Milliarden ihres sauer Verdienten jährlich in den Sand gesetzt wird? Ist es keine Schurkerei, wenn die Verantwortlichen an ihren Sesseln kleben bleiben oder millionenschwer abgefunden werden? Wie lange müssen wir uns noch damit trösten, dass den Mühlen der kosmischen Gerichtsbarkeit niemand entgehen kann? *Wer Wind sät*, begleicht seine Schuld mit dem Ernten von Sturm, in diesem oder im nächsten Leben. Die *Ersten werden die Letzten*, reiche Geizhälse arm und abhängig sein.

Peter fragt, hast du eine Ahnung, warum Jürgen nicht mehr kommt? Ich sage, der kennt dich halt noch nicht. Als ich ihm den Kaffee mit Sahnehäubchen servierte, hast du gesagt, verwöhne mir den Jungen nicht so, sonst kommt er jeden Tag. Das hat er ernst genommen. Peter sagt, oh, das ist schade, der war

doch ganz nett. Wo er das schöne Gedicht auf dein Wasserbuch gemacht hat. Ja, sage ich, er ist wohl ein Mimöschen. Aber selber kann er ordentlich austeilen, verbessert dauernd die Leute. Er erinnert mich an Bolko, die gleiche Stimme, auch was er sagt. Ähnlich sieht er ihm auch noch. Vielleicht sollten beide ihre DNA analysieren lassen.

4.3. Gerade als ich mich hinsetze, um das Laptop mit einigen Notizen zu füttern, kommt Ria rüber und sagt in ihrem lustigen holländisch gefärbten Deutsch, eh, willst du mal den pädophilen Karlheinz sehen, der ist gerade draußen. Hat eine orange Jacke und hellgraue Hosen an. Um unauffälliger zu wirken, frage ich, kann ich mit Nanka gehen? Die Hündin ist freudig verwundert und noch etwas zögerlich, als ich mit ihr loss. Der dürre Karlheinz ist gerade mit einem Stapel Holz beschäftigt, der neben seinem Mercedes-Transporter liegt. Ich laufe in Richtung Straße. Mohammed, dem ich zwei Steine abgekauft habe, sitzt am Wegesrand mit einem Kollegen, der mit nachgemachten Cartier- und Guggi-Uhren handelt. Er packt riesige Elefanten aus Quarz, Tigerauge und Malachit aus. Mohammed sagt, meine Familie macht. Zwei Frauen an Maschin, drei Männer so, er zeigt mit beiden Händen das Arbeiten mit dem Meisel an. Ich sage, wunderschön, hebe den Elefanten auf, boah, ist der schwer. Tigerauge soll Mut machen. Das versteht er nicht. Ich sage, Courage. Ah! In Kalifornien bin ich über Feuer gelaufen. Vorher hat jeder von uns einen kleinen Stein bekommen, Tigerauge. Damit wir mehr Courage haben, um über die glühenden Kohlen zu laufen. Mohammed kommt aufs Geschäft zurück und reicht mir eine Steinfigur. Ich sage, pah, wirklich, viel zu schwer für den Camper. Kannst mir kleine Drusen bringen. Ich deute mit einer Handbewegung an, einen hohlen Stein zu öffnen.

Kaum sitze ich wieder am Laptop, kommen Rita und Hans vom Teufelsfelsen angehetzt. Hans ist erkältet, da es gestern in der Metro zu kalt war; besonders in der Fleischabteilung. Ich packe das Notebook weg, weil abgemacht war, dass ich mit Rita zum Campingplatz marschiere, während Hans und Peter Schach spielen. Unterwegs frage ich, haste eben den Mann in der grauen Hose und dem weißen Hemd gesehen? Ria hat letztes Jahr versucht, ein Foto zu machen, als er in seinem Wagen gerade mit einem marokkanischen Knaben am Gange war, der vornüber gebeugt mit heruntergelassen Hosen vor ihm stand. Rita sagt, oh das ist ja eine Schweinerei. Sie wollte zur Polizei gehen, aber er hatte die Tür zugemacht als sie gerade fotografieren wollte. Ohne Beweise glaubt sie, nichts ausrichten zu können. Hier geht es rund. Vor drei Tagen kam ein Camper mit einer Baseballkappe auf mich zu. Er fragte nach Schreibzeug und verschwand damit in den Dünen. Da hinterm Busch hat ne junge Frau auf ihn gewartet, um ihm ihre Telefonnummer aufzuschreiben. Und? Vorgestern stellte er sich mit seinem Womo schräg hinter uns. Gestern kamen zwei Grazien und saßen eine Weile vor seinem Mobil. Irgendwann blieb die Hübsche, die lange Dürre ging zurück zu dem großen Camper. Da halten sich ständig Mädels auf. Ist ja okay. Nur wenn Kinder sich prostituieren müssen. Ja schlimm. In einem Straßen-Café in Agadir kamen mal zwei Mädchen mit hellbraunen Zöpfen auf uns zu, etwa 7 und 9 Jahre alt. Erst dachte ich, sie wollten Geld oder Bonbons, bis ich ihre obszöne Handbewegung deutete, den Kopf schüttelte und sie achselzuckend zum nächsten Tisch hüpften.

Jan ruft zu uns rüber, Piet meint, ihr mit eurem Hymer gehört ins *Plastik-Camp*. Hier stehen fast nur umgebaute Busse, Kastenwägen und Jeeps. Peter sagt ganz cool, der hat doch auch einen Motor. Wenn ihm unsere Gesellschaft nicht passt, kann er doch woanders hinfahren. Am Abend übermittelt Jan Piets Entgegnung auf Peters Kommentar: Bei besonderen Leuten wird natürlich eine Ausnahme gemacht. Hans und Rita ziehen auch zu uns. Es wird ihnen am Teufelsfelsen zu langweilig.

Während Johannes B. Kerner Altkanzler Helmut Kohl interviewt, sitzt Peter draußen ganz allein am Lagerfeuer. Irgendwann kommt er und sagt, das musst du mal sehen, der Mond hat heute einen ganz großen Vorhof. Oh, sage ich, da können wir uns was wünschen. Im Nu bin ich draußen, hebe den Kopf und erblicke tatsächlich den größten meiner bisher gesichteten Halos. Sie entstehen wie Regenbögen durch Lichtbrechung. Statt der Tröpfchen sind Eiskristalle in Höhen von ca. 8-10 km beteiligt. Ich wünsche mir, dass meine Bücher von aller Welt gelesen werden und sie zur Regeneration der Erde und zu einem friedlichen Miteinander aller Bewohner beitragen. Peter sagt, ich wünsche mir, dass ich mit deinen Millionen das 24-Stunden-Rennen in einem Porsche gewinne. Ich lache über seinen profanen Wunsch, der meinen in gewisser Weise torpediert.

5.3. Seit Stunden parkt ein blauer Kleinwagen vor unserem Mobil. Plötzlich höre ich Jan in einem resoluten Ton sagen, wenn du das noch einmal machst, ruf ich die Polizei an. Ich gehe raus und frage, was war denn los? Ria kommt im Bikini zu mir und sagt, der im blauen Auto ist hier rumgelaufen und hat zu mir hergesehen und hat... sie macht die typische Handbewegung. Ich sage, bei Rita am Hühnerweg war auch so einer. Im letzten Jahr hab ich an einem Felsvorsprung nach schönen Steinen gesucht. Da hockte ein Marokkaner direkt über mir und holte sich einen runter. Er hatte einen dieser gestreiften Nachthemden an und nichts drunter. Im ersten

Moment dachte ich, er reibt seinen Arm, bis ich drei Arme wahrnahm. Die sittenstrenge Erziehung des Islam verbietet außerehelichen Geschlechtsverkehr. Ein Mann muss warten, bis er eine Frau hat. Erst dann ist ihm Sex erlaubt. Sexuell frustriert, bleiben ihm Masturbation oder Homosexualität und *zufällige* Berührungen im Gedränge belebter Plätze bzw. überfüllter Busse. Auch Vergewaltiguntigungen sind bei erzwungener Abstinenz vorprogrammiert. Oft bleiben sie ohne Konsequenzen für den Mann.

6.3. Ria missfällt die Musik, die Hans aus seiner Anlage erklingen lässt, Rieus Weisen, Strauß und Co. Ich sage, wir können ihm ja mal sagen, dass er es etwas leiser stellt. Mir macht es weniger aus. Wir stehen so, dass es kaum hörtbar ist. Hans sagt, ich hab geglaubt, ich mach euch eine Freude. Was gefällt *euch* denn? Ria sagt, Roy Orbison könnte ich den ganzen Tag hören. Hans sagt, da hätte ich besser auch gar nicht an Peters Geburtstag gespielt. Wenn euch das nicht gefällt, hätte ich mir die Mühe mit der Quetschkommode sparen können. In seiner Stimme knarrt Distanz. Versöhnlich sage ich, ach, das war doch was ganz anderes. Das war lustig, wir haben alle mitgesungen, getanzt und Spaß gehabt. Das war *Live-Musik*. Nur jeden Tag muss ich das nicht haben. Hans lamentiert, das hättet ihr doch sagen können. Rita seufzt, na, nun sei

doch nicht gleich beleidigt. Das ist Hans schnell. Rita meint, das hätte mit der Leukämie zu tun. Wir wissen ja selbst, wie empfindlich *wir* in krankem Zustand sind.

Die Holländerin geht mit mir über die stoppelige Wiese zurück. Ich sage, wenn du so für Roy Orbison schwärmst, wird es dich interessieren, dass ich seine Witwe kenne. Ria sagt, die ist doch verbrannt mit ihren beiden Kindern. Ich rufe, was, wann denn? Barbara in Malibu? Da weiß ich gar nichts von. Ria sagt, da gibt es ein Lied, Lia oder so, das ist wohl seine erste Frau, die Kinder waren noch klein. Das war in Texas. Ja, ja, sage ich, dann kann das nicht Barbara sein, ihre Söhne waren schon größer, als ich sie kennen lernte. Meine Freundin hat bei ihr gearbeitet. Als ich Ingrid mal besuchte, kam Barbara gerade von einer Hochzeit in Texas, machte uns einen Tee und erzählte von ihrem Flug und der Feier.

Die junge Marokkanerin, die das Rendezvous mit dem Camper hatte, läuft mit einem anderen Mädel vorbei. Ich lächle ihr zu, sie strahlt zurück, dass mir das Herz aufgeht. Marokkanerinnen sehen bezaubernd aus, wenn sie lachen. Ich kann schon verstehen, wenn so ein alter Knacker gern mal eine junge attraktive Braut zu sich nimmt. Zu Hause kriegt er keine so schöne ins Bett. Wir Frauen können froh sein, dass es Liebesdienerinnen gibt und wir weniger belästigt werden. Liebe ist keine Sünde. Wir haben sie nur dazu gemacht. Liebe ist Lebenskraft schlechthin. Würden wir uns gegenseitig lieben, statt uns zu belügen, betrügen und umzubringen, wäre der Himmel auf Erden keine Utopie.

Die zottigen Blöker ziehen durch. Ich bringe Gemüseabfälle nach draußen. Die alte Hirtin hebt mit beiden Händen ihre Lumpen an und lässt durchblicken, dass sie etwas zum Anziehen haben möchte. Ich fische ein T-Shirt und ein paar Socken aus einem der

Staukästen. Letztes Jahr gab ich ihr meine graue Kapuzenjacke aus Seide und eine Flasche Schampoo. Sie hatte ganz verfilztes Haar. Als ich sie wieder sah, glänzten ihre Haare, und sie strahlte über das von Falten zerfurchte Gesicht.

7.3. Ich sitze am Laptop und versuche zu arbeiten. Draußen lautstarkes Palaver. Werde diesmal nichts sagen, vielleicht kommen die Herren der Schöpfung selber drauf, leiser zu sein. Peter kommt rein, holt sich Kaffee, sagt mit einem entschuldigenden Tätscheln meiner Locken, laber, laber, setzt sich aber wieder vorn Camper und klönt weiter. Der schwerhörige Nachbar geht. Ein Händler legt seine bunten Wolldecken auf unseren Teppich und setzt sich Peter gegenüber. Leise unterhalten sie sich über die Familie des jungen Mannes, das Wetter in Deutschland und über Kalifornien.

8.3. Ich stehe schon um 7:30 Uhr auf. Peter auch, aber nur zum Pieseln. Aus der Toilette kommend brummt er, das Wasser läuft kaum, da hab ich heute wieder Arbeit. Das ist, was die Zugvögel auf Rädern jung hält. Neben dem Routenplanen und dem Einstellen auf immer neue Leute, sind es diese kleineren und größeren Reparaturen. Mein Blick wird magisch von der rot blinkenden Birne über der Tür angezogen. Ich sage, Batteriealarm, eh, hast du den Receiver nicht abgeschaltet? Oha, sagt Peter, da brauche ich am Wasser nichts zu machen. Kein Wunder, dass es nicht läuft. Wenn wir keinen Strom haben. Ich sage, wenn du immer vorm Fernseher den Receiver ausschaltest, kann das nicht passieren. Peter erwidert, normal hätte der Entladungsschutz funktionieren müssen. Ich hab schon öfter mal was vergessen. Wenn die Batterie bei 11½ ist, müsste der Strom abschalten. Vielleicht ein Zeichen, dass wir die Solarbatterien holen sollen? Peter sagt, Hans hat gestern auch gemeint, wir sollten sie hier in der Metro

kaufen. In seinem Katalog kosten sie doppelt soviel, nun hat Gott uns die Entscheidung abgenommen. Ich sage, denkst du ER kümmert sich um den Kleinkram, ich tippe eher auf einen guten Geist.

Eine Batterie schließt Peter gleich auf dem Parkplatz der Metro an. Wie üblich trägt er seine beste Hose. Sie sieht nun aus, als ob eine Mottenschar darüber hergefallen wäre. Die Bündchen des schönen Norwegerpullovers aus Baumwolle hat es auch erwischt. Werde wohl Neue anstricken. Nach dem Frühstück klappern wir alle Straßen um den Souk herum ab, um den öffentlichen Wasserhahn und diverse Zubehörläden zu finden. Von Hans haben wir den Auftrag, Lötzinn mitzubringen. Den finden wir, kurz, nachdem wir den Fischmarkt passieren. Es handelt sich bei dieser Exposition lediglich um eine Aneinanderreihung verrotteter Holztische und -kästen mit entsprechendem Odeur. Ich schaue im Wörterbuch nach und finde löten = *souder* und Zinn = *étain, also étain pour souder*. Die Suche nach dem Elektroladen, die Kupferkabel führen, gestaltet sich schwieriger... bei Kupferkabel fällt mir der eigennützige Banker J. P. Morgan ein, der Nikola Teslas *Freie-Energie-Maschine* torpedierte, weil er zwei Kupferminen besaß und Kupferdrähte für die elektrischen Leitungen dann nicht mehr gebraucht würden (siehe Ferzak, Nikola Tesla und Meyer: *So verbindet Wasser unsere Welten*).

9.3. Der gehbehinderte Karl stellt sich bei seiner Rückkehr aus Agadir direkt vor uns. Er ist nicht zu überzeugen, dass der Platz 30 Meter südlich von uns viel schöner ist. Deshalb ziehen wir um und richten unsere Schüssel wieder neu ein. Es klappt auf Anhieb. Wir genießen den viel schöneren Blick. Hans und Rita sitzen den ganzen Nachmittag im Schatten hinter ihrem LMC und unterhalten sich mit einem Leidensgenossen von Hans. Der

Österreicher heißt auch Hans und ist ein *medizinisches Wunder*. Der 60jährige litt mit 39 an inoperablem Lungenkrebs. Nur ein Teil konnte entfernt werden. Er zeigt uns seine Narbe und sagt, damals hab ich einige Monate nur Grünzeug gegessen, und die Knoten waren weg. Aber jetzt vertrage ich keine Rohkost mehr. Ich sage, es gibt andere Diäten gegen Krebs: die streng makrobiotische Kost, also brauner Reis und gekochtes Gemüse ohne Fett. Oder die Öl-Eiweiß-Kost von Johanna Budwig. Letztere habe ich bei einem Gewächs erprobt. Ob es bösartig war, weiß ich nicht, jedenfalls war es nach 6 - 8 Wochen verschwunden.

Abends am Lagerfeuer sagt Hans, früher haben wir direkt vom Bauern die Milch getrunken, und wir waren alle gesund. Ich sage, es macht wenig Sinn, nach dem Abstillen Milch zu trinken und dann noch von artfremden Säugetieren. Japaner trinken traditionell keine Milch und sind im internationalen Vergleich das gesündeste Volk mit der längsten Lebenserwartung, trotz der beiden Atombomben. Hans reagiert unsachlich rassistisch: Die Japaner sind doch alle so klein und hässlich... ich tappe in die Ablenkungsfalle und sage, das denken die von uns und unseren langen Nasen auch, statt zu sagen: Japaner werten die *Atomtests* von 1945 auch als Rassismus.

Eine Krankheit kommt nicht von heute auf morgen. Das Immunsystem passt sich viele Jahre lang einer einseitigen Ernährung und unnatürlichen Lebensweise an. Bis dann noch irgendein Hammer kommt, z. B. ein Unfall, der Tod des Partners oder eine Scheidung. Im Fall von AIDS kann man erkennen, wie lang ein Immunsystem braucht, bevor es aufgibt. Man will uns weismachen, die Inkubationszeit, also die Zeit von der Ansteckung bis zum Ausbruch, sei 10 Jahre. Aber der Name *Acquired Immuno Deficiency Syndrome* sagt es doch deutlich: Es handelt sich um eine erworbene Immunschwäche. Wie erwirbt man sie sich? Indem man jahrelang widernatürlich mit dem Körper umgeht. Auch heute nach 30 Jahren grassiert AIDS noch zu 80% unter Homosexuellen und Drogenbenutzern. Wenn du täglich legale oder illegale Drogen nimmst, werden deine Abwehrkräfte immer schwächer. Auch bei Analsex. Die Haut des Anus ist im Gegensatz zur gut gepolsterten Haut der Vagina ganz dünn und wird jedes Mal verletzt. Das Immunsystem muss ständig weiße Blutzellen zum Reparieren dieser Wunden produzieren. Diese kontinuierlich arbeitende Immunabwehr schwächt den Organismus im Lauf der Zeit. Wenn du im Alter von 39 Lungenkrebs hattest und bekanntlich die meisten Krebsarten durch zu viel tierische Fette entstehen, hat dein hoher Milchkonsum dazu beigetragen. Als während des Kriegs die Nazis in Holland einmarschierten und alle tierischen Produkte für sich beanspruchten, ging die Krebsrate gebietsweise bis zu 60 % zurück.

Sigrid aus Minden pflichtet mir bei: Meine Tochter wurde vom Arzt gefragt, ob sie Milch trinke. Als sie es bejahte, sagte er, das lassen sie künftig sein, oder sind sie ein Kälbchen? Ich sage, meine Mutter trinkt Milch gegen Schlafprobleme und ist ständig verschleimt. Übrigens, sie wird bald 80 und wünscht sich eine Reise mit dem Camper. Udo sagt, da braucht ihr nur einen Anhänger, da hat sie ein eigenes Appartement.

Wir dachten über ein größeres Mobil oder über einen Wohnwagen nach. Für Langzeitcamper scheint letzterer besser geeignet. Man hat seinen eigenen Bereich, einen eigenen Fernseher. Wenn der Partner zu laut schnarcht, anderweitig nervt oder etwas anderes sehen möchte, kann man nach hinten ausweichen. Nachteil: Wohin zu Hause mit dem Riesengefährt? Und, man darf nicht überall stehen.

Wer weiß, wie lange das in Taghazout noch geht. Bei *Radio Camping* wird gemunkelt, es sollen Golfhotels gebaut werden. Vermessungen werden öfter durchgeführt. Doch seit Jahren wird vermessen und nichts passiert.

Die Themen *Gejammer der Deutschen* und *Ausbeutung des Sozialsystems* werden angeschnitten. Ich würde gern bleiben, gehe aber schlafen. Der Qualm des Lagerfeuers wird meinen Lungen zu viel.

10.3. Peter liegt mir gegenüber, stützt seinen Kopf auf den Ellbogen und sagt, als du weg warst, hat Sigrid von einem Mindener erzählt, der einige Jahre in der Karibik verbracht hat. Nach ein paar Jahren kam er zurück, um wieder zu malochen. Ich sage, ist doch okay, wenn er soviel verdient, dass er wieder reisen kann. Peter sagt, nein, so sieht bei dem die Maloche nicht aus. Er geht zum Sozialamt, um neue Elektrogeräte zu bekommen, Kühlschrank usw., dann verkauft er wieder alles, ja, und wenn jemand sagt, das ist keine moralische Glanzleistung, wenn das jeder so machen würde, pocht er auf sein Recht. Die Leute werden immer egoistischer. Ich sage, kein Wunder bei all den Vorbildern, die uns die Medien ständig vorführen. Der moralische Verfall wird gesteuert, damit wieder Krieg geführt werden kann. Und wer steckt dahinter? *Cui bono?* Wer profitiert? Banken und Industrien. Auch die Medien. Am besten, wir boykottieren sie. Je mehr Tricks, Betrügereien und Terror über die Mattscheiben flimmern, desto mehr Gauner und Kriegshetzer züchten wir. Wichtiger wäre, Leute zu motivieren, etwas für andere zu tun. Projekte, die der Allgemeinheit dienen, sollten vorgestellt und prämiert werden.

Peter wechselt das Thema. Er prahlt mit der neuesten Medienweisheit: Männer sind im Alter von 100 noch zeugungsfähig, Frauen nur bis um die 50. Ich sage, zum Zeugen gehört nicht viel. Wenn du Kinder kriegen müsstet, wärst du happy, wenn es nur bis 50 ginge. Die Frau wurde für diese Arbeit gewählt, weil sie mehr aushalten kann. Weißt du, warum Gott zuerst den Mann erschaffen hat? Huh? Er brauchte einen groben Entwurf.

Die Sonne legt sich heute besonders ins Zeug. Ich geh mit meiner Kladde zu Karl, will wissen, was zu tun ist, wenn man während seines Aufenthaltes eine junge Marokkanerin als Haushaltshilfe mitführen möchte. Er fragt, war der Umzug ein Problem? Ich sage, überhaupt nicht und bin überrascht von Karls Physiognomie. Die weißen Haare und die Gehbehinderung, die ihm einen Stock aufzwingt, lassen ihn von weitem uralt wirken. Doch mich strahlen blaue Augen aus einem Gesicht an, das dem Zahn der Zeit beharrlich Widerstand leistet. Karl reist seit 40 Jahren nach Marokko. 4 mal nahm er ein Mädchen auf seinen 3 Monate langen Touren mit. Klingt nach Sex-Tourismus? In vielen Fällen mag das zutreffen. Wer gewohnt war, bekocht und umsorgt zu werden, wird gern die preiswerte Möglichkeit wahrnehmen, ein Mädchen zum Kochen und Reinigen mitzunehmen. Karl, der Anfang der Woche nach Agadir gefahren war, um einen Pass für seine **Haushaltshilfe** zu besorgen, sagt, man muss zum Honorarkonsulat fahren. Es hat von 8:00 - 11:00 Uhr geöffnet. Dort sagt man, *ich möchte jemanden einladen.* Man bekommt ein Formular und trägt den Namen und die Pass-Nummer der Person ein, die man einladen möchte. Kann man auch eine **Betreuerin** anfordern? Meine Mutter hat einen Horror vorm Altenheim. Wer denkt schon gern daran? Bei uns muss man aber zu den

Postanschrift: Consul Honoraire de la République féderale d'Allemagne, 6, Rue de Paris, Quartier résidentiel, 80 000 Agadir, Marokko.

In Deutschland befinden sich Honorarkonsulate in Bremen, Kassel und München.

Bestverdienern gehören, um sich eine Haushaltshilfe leisten zu können. Karl sagt, da geht man zu Hause aufs Ausländeramt und gibt eine Verpflichtungserklärung ab, dass man für die Rückführung aufkommt. Dieses Formular sendet man zur eingeladenen Person. Die stellt damit den Antrag auf ein Visa. Dann wird vom Ausländeramt jemand zum Überprüfen kommen, ob man in geordneten Verhältnissen lebt und die Räumlichkeiten gegeben sind. Ich sage, ein Zimmer mit Dach-Patio wäre frei. Zum Glück ist meine Mutter noch fit.

13.3. Reinhard erscheint mit Blacky. Der Rüde macht sich gleich im Camper breit und signalisiert, dass er uns bedingungslos als neue Schälchenfüller akzeptiert. Sein Herr und Meister Computerspezialist schaut nach, ob er das Laptop in Gang bekommt, kann aber nichts ausrichten. Ich sage, so ist es halt mit der Computertechnik. *Input, output*, kaputt. Der Bochumer erklärt mir indessen *seine* Relativitätstheorie: *Alles ist ein relatives Verhältnis.* Ist das nicht eine Tautologie, denke ich. *Die drei Dimensionen sind Dauer, Ausdehnung und Spin.* Wie kommst du darauf? Das hat damit zu tun, dass ich nur auf einem Auge sehe. Die Brille ist so dreckig, dass ich mich wundere, wie du überhaupt was sehen kannst. Ich hatte in meiner Jugend die Welt nach einer Staroperation auch jahrelang einäugig betrachtet. Ob das bei mir auch Folgen hatte?

14.3. Der Wind legt sich heute stark ins Zeug. Er wirbelt Papierfetzen und Plastiktüten durch die Luft. Daher wollen wir einen Tag früher als geplant gen Norden aufbrechen. Kaum fangen wir zu packen an, hört das pfeifende Fegen auf, und wir genießen unseren letzten Tag in Taghazout. Während wir brunchen, kommt wieder der Junge mit den großen Kohlaugen an die Tür. Peter wirft ihm ein rasches *No, mercie* hin. Das hält den Kleinen nicht ab. Stoisch beginnt er, seine Souvenirs aus Stein auszupacken. Peter singt: *Nooo, merciiie.* Aber der 10Jährige stellt eine aufgerichtete Cobra zum Elefanten auf den Boden des Campers, damit wir die Tür nicht einfach zumachen können. Nach Peters wiederholtem *No*, sagt er, *manger.* Wie Al Mundi, der auf seinen Einsatz gewartet hat, breche ich eine Banane von der Staude. Mit wehmutsglücklichem Blick schnappt der Bub nach der Banane, wie ein ausgehungerter Hund nach der Wurst. Zweifelt er mein Mitspracherecht als Frau an? Befürchtet wohl, Peter könne wieder *no* sagen. Beim Weggehen isst er die Banane mit sichtlich mehr Genuss als die Gurke, die ich ihm anfangs mal gab.

15.3. Um 11:00 Uhr sind wir immer noch da. Rita kommt vom Bus. Sie war beim Zahnarzt in Agadir. Ernsten Blickes und etwas atemlos sagt die sonst so lustige Berlinerin, eben ist vor meinen Augen ein schwerer Unfall passiert. Der Bus hat gerade gehalten, du weißt doch, da am Schild vom Hotel Imourane. Ein Marokkaner rannte über die Straße, weil da der Bus nach Agadir hielt. Er ist einem Camper genau vor den Motorroller gelaufen. Der wurde in hohem Bogen auf die Straße geschleudert. Es muss beide ziemlich erwischt haben. Zu Peter gewandt sage ich, fahr bloß künftig langsam an der Stelle!

Nach dem Verstauen unserer Habseligkeiten holpern wir im Hymer den Weg zur Straße. Ein letzter Blick auf die heranrollenden blaugrünen Wellen. In weißer Gischt entlädt sie der Atlantik rund um den Teufelsfelsen. Strömungen und kleinere Felsen wirken wie schnaubende Seeungeheuer. Die Reihen von *Hymer I, Hymer II* und *Grufty City lichten sich.* Die Strandverkäufer bieten ihre Waren nun eindringlicher an. Wir verbringen die letzte Nacht vor einem Hotel in Agadir nahe der Promenade und treffen die lebenslustige Lilo und ihren jüngeren Lebensgefährten. Die

83Jährige interessiert sich für meine Gesundheitsbücher. Sie strotzt vor Energie und führt mich noch schnell in die Tiefen ihrer Ordnungsliebe ein. Aus kartonierten Lebensmittelpackungen tackert sie mit einem Hefter 5 cm hohe Schachteln zurecht, reiht sie bündig in den Schubladen aneinander und sortiert alle Kleinigkeiten übersichtlich darin ein.

Kafkaesken in Marrakesch

Wie schon mal auf der Reise träumte ich letzte Nacht von einem Baby, erinnere mich aber nicht an den Inhalt der nächtlichen Vision. Es soll Glück bringen, von Babys zu träumen. Daher sage ich, als wir in Marrakesch ein Casino sehen, vielleicht riskiere ich ein paar Münzen und denke dabei an Las Vegas.

Dort hielt ich mich mit meinen Eltern 2 Nächte im Flamingo Hilton auf und finanzierte mit nur 2 Aktionen unseren gesamten Aufenthalt. Erst gewann ich mit dem im Package Deal von $189 enthaltenen 5-Dollar-Chip, den ich ohne hinzusehen auf die 19 setzte. Der Groupier begrüßte mich jedes mal, wenn ich vorbeiging, mit einem freudigen Lächeln. Mit den Freimünzen holte ich noch 25 Dollar aus einem einarmigen Banditen.

Ein paar Jahre später reisten wir mit unserer US-Freundin Carole im Wohnmobil zum Mittelmeer. Im Spielkasino in Monte Carlo kaufte sie sich Chips und spendierte mir 3. Ich warf einen in den Automaten, um mir die Zeit zu vertreiben. Es kamen drei blaue Traubenzeichen: Als ich mich wunderte, wo der ersehnte Klingelton blieb, sagte Carole: Du hättest alle drei auf einmal einwerfen müssen. Das war am Tag, nachdem wir im Schlaf überfallen worden waren.

Wir standen hinter einem Felsen zwischen Nizza und Monte Carlo. Am nächsten Morgen entdeckte Carole vom Alkovenfenster aus meinen schwarzen Lederbeutel, einsam auf der Straße liegend. Wir vermissten meine Kreditkarte und Peters Calvin Klein Jeans, in denen der Wagenschlüssel steckte. Immerhin waren die Einbrecher so nett, den Schlüssel aus der Jeans in den Beutel zu legen. So konnten wir mit weichen Knien und dem Gefühl, einer Vergewaltigung zum Opfer gefallen zu sein, weiterfahren. Später zeigte sich, dass die Räuber um 5 Uhr morgens in einer nahe gelegenen Brasserie mit der Kreditkarte 3.500 Francs auf den Kopf hauen konnten. Wäre es im Casino anders gelaufen, wenn die Kreditkartenfirma den Schaden nicht übernommen hätte? Ich glaube es mal!

Peter übergeht meinen halbherzigen Vorschlag zum Zocken. Er hat sich auf eine Kutschenfahrt versteift, zumal wir in der Nähe der Pferdewagen nächtigen. Den ersten englisch sprechenden Kutscher lehne ich ab. Seine Droschke hat die Nummer 121. Quersumme 4! Beim gefährlichsten Transportmittel liegt es mir fern, ein zusätzliches Risiko einzugehen. Der junge Mann in der schwarzen Lederjacke deutet auf die Kutsche mit zwei grau gescheckten Hengsten. Sie stehen an dem hohen schmiedeeisernen Zaun, über den sich blütenschwere Bougainvilleazweige aus dem Park stehlen. Ja, mit der Nummer 151 bin ich voll zufrieden, die 7 ist meine Geburtsnummer.

Peter meint, Abas, der alte Kutscher mit dem rostigen Englisch sei sein Vater. Wir nehmen die Plätze auf der hinteren Bank ein. Ich frage, haben die Pferde genug Wasser bekommen? Abas antwortet: Das sind die Villen reicher Marokkaner und Franzosen. Dabei deutet er auf die herrschaftlichen Anwesen gegenüber der Stadtmauer. Ich sage um eine Nuance lauter und ungeduldiger, die Pferde! *Cheval!* Haben sie genug Wasser? *L'eau!* Der Alte deutet auf den linken Grauschimmel und sagt, das ist Mambo, der andere heißt Jongo. Die Kutsche hat die Nummer 151. Ich gebe mich geschlagen und betrachte das Wasserproblem als gelöst.

Kurz vor der **Bab Khob** rennt ein Junge herbei und wirft mir eine Bougainvilleablüte auf den Sitz. Abas mag denken, der kleine Strolch habe es auf meine Digitalkamera abgesehen, denn er ruft einem der sich hier massenhaft aufhaltenden Polizisten etwas zu und zeigt nach hinten. Zum Glück schlinge ich beim Fotografieren stets das Trageband um mein Handgelenk. Eine empfehlenswerte Vorsichtsmaßnahme, auch ohne Droschkenfahrt. Auf die ich hätte verzichten können. Vielleicht reizt sie mich so wenig, weil ich das Rütteln in früheren Existenzen zur Genüge habe über mich ergehen lassen müssen. Eine Frau in Hosen, Jacke und Kopftuch überholt uns auf einem Moped. In der Großstadt kannst du das eine oder andere weibliche Wesen auf einem Zweirad sehen. Aber im Dorf oder in kleineren Orten gibt's nicht mal Mädchen auf Fahrrädern.

Mambo und Jongo traben am ummauerten Palmengarten vorbei, in dem ein paar Buben Fußball spielen. Während Peter sich einen Sargnagel der Marke *Marquise* anzündet, fühle ich plötzlich eine Hand an meinem Hals und kreische auf. Beim Umdrehen blicke ich in das strahlende Gesicht eines etwa 10Jährigen, der womöglich schon eine Weile diese Mitfahrgelegenheit genutzt hat. Ich bin froh, dass Abas die Fahrt um eine halbe Stunde

kürzer als abgemacht ausfallen lässt, nicht nur der Pferde zuliebe. Ich juble, hurra, wir leben noch! Hätte ich nicht auf meiner Glücksnummer bestanden, wäre ich jetzt womöglich um Mutters Perlenkette ärmer.

Am Abend weht der warme Wind süße Blütendüfte vom nahe gelegenen Park zu uns herüber und gibt dem Gestank der Pferdepisse eine erträglichere Duftnote. Ich freue mich auf die Fahrt zum Wasserfall und hoffe, dass die Straßen der 195 km langen Strecke nach Ouzoud gut befahrbar sind.

18.3. Ein Verkehrspolizist erklärt uns, wie wir zum Gaswerk gelangen. Als wir die schönste Stadt Marokkos in Richtung El Jadida und Safi verlassen, sagt Peter: Marrakesch hat was. Die Ebene mit den Palmen, da kann man mal aufs Meer verzichten. Die in der Sonne glänzenden Zuckerkrusten der Atlasgipfel geben der Stadt trotz Auspuffgase einen Hauch von luftiger Reinheit. Ich staune über den coolen Meister des Verkehrs, wo es nur so vor Menschen, Autos, Zweiräder, Handwagen, Eselskarren und Droschken wimmelt. In Indien fuhr er sogar zwischen Ziegen und Kühen auf der falschen Straßenseite. Alle passen auf, wir sehen kaum Unfälle, aber jede Menge Pannen und geschobene Kraftwagen.

Nach 12 km auf der N7 Richtung Safi finden wir das Gaswerk auf der linken Seite und bekommen unsere Flasche gefüllt. Für Butan werden 40, für Propan 85 Dirham verlangt, also rund €4 bis €8.

Auf der Strecke nach Fés und Beni-Mellal durchfahren wir eine sattgrüne Ebene. In dem dicht besiedelten Landwirtschaftsgebiet leben die Leute vom Oliven- und Zitronenanbau. Die schokofarbenen Gipfel der kleinen Bergkette Jibilet sind in zart blaugrüne Pelerinen gehüllt. Wir passieren ursprüngliche Dörfer an einem wasserarmen Bach und zur Linken einen alten Ksar. Seine von hohen Mauern umgebenen Gebäude sind typische, aus Lehm gebaute präsaharische Wohnstätten. Die Wände sind durch Ecktürme verstärkt.

Ait-Ben-Haddou in der Provinz Ouarzazate ist ein berückendes Beispiel südmarokkanischer Architektur. Du tauchst in eine mittelalterliche Welt ein. Das mächtige Tor der Festung wurde eigens für Orson Wells' Film *Sodom und Gomorrha* errichtet. Es thront über mehrere Kasbahs. Je nach Sonneneinfall terrakotta- bis rotbraune Häuser aus Stampflehm ziehen sich malerisch den Hang hinauf.

Letztes Jahr vollzog ich hier meinen ersten Tauschhandel. Auf dem von Souvenirläden gesäumten Weg hinunter zum Bach wollten uns alle Verkäufer etwas aufschwatzen. Ich sagte, wir haben kein Geld mehr. Ein Lederhändler hatte es auf meine alten Nikes abgesehen. Ich durfte mir dafür aussuchen, was der Laden zu bieten hatte. Kurzerhand tauschte ich die bunten Treter gegen einen Rucksack. Der nette junge Mann gab mir obendrein Baluschen, damit ich nicht barfuß zum Camper hoch kraxeln musste. Er fragte, ob ich auch wirklich happy bin mit dem Tausch!

Den Bach überquerten wir auf Sandsäcken. Wir hatten Glück, eine Filmcrew drehte gerade einen traditionellen Streifen mit blauen Tuareg, Kamelen und einer männlichen Musikgruppe in weißen Hemden und runden Kappen.

In den Studios bei Quarzazate sahen wir die Kulissen zahlreicher Filme, von denen wir gar nicht wussten, dass sie in Marokko gedreht wurden. Wie etwa die Verfilmung von Heinrich Harrers Buch „Sieben Jahre in Tibet". Der junge Angestellte der Illusionsproduktionsstätte deutete auf den Atlas und sagte, hier sehen sie den marokkanischen Himalaja. Wir entdeckten einen großen Klumpen Pappmaché mit Seitenteilen. Das abgetakelte Gebilde wurde bei der Abenteuerkomödie „Auf der Jagd nach dem grünen Diamanten" von

Kathleen Turner und Michael Douglas als Flugzeug verwendet. Dieser Film zieht mich magisch an und erfüllt das Kriterium für die Aufnahme in meine Koinzidenzensammlung:

Wir wohnten in einer Strandgemeinde in L.A. als er zum 1. Mal im US-TV lief. Der ereignisreiche Streifen beginnt damit, dass die Schriftstellerin Joan Wilder, die einen Abenteuerroman nach dem anderen vollendete, ohne selbst das geringste zu erleben, sich mit dem Zerschmettern eines Tellers entschließt, ihrer in Not geratenen Schwester in den Dschungel zu folgen. Ich identifizierte mich mit der Autorin. Am liebsten hätte ich ihre Wohnung samt Katze übernommen, da ich schon oft verreist war und mir die Ruhe zum Schreiben herbeisehnte. Einige Jahre später kaufte ich im Secondhand Store „A Star Is Worn" auf der Melrose Avenue in einem Anfall von geistiger Umnachtung das dreiteilige weiße Outfit des blonden Top-Models, das damals in Deutschland noch kaum einer kannte. Dabei konnte ich das Leinen des weißen Anzuges befühlen, den Michael Douglas in diesem Film getragen hatte. Dieser Zwirn kostete damals rund 10xmehr als der Korsettfummel. Heute wäre die Differenz wahrscheinlich geringer.

Was kommt als Nächstes? Lerne ich einen der Akteure des Films persönlich kennen? Da mein Großcousin in Jávea in unmittelbarer Nachbarschaft vom Anwesen des Schauspielers lebt, wäre das gar nicht so abwegig.

Während der kurvigen Fahrt überlege ich, ob ich es wagen könnte, auf die Toilette zu gehen. Ich sehe ein Schild, das die Autofahrer auffordert, sich anzuschnallen. Meine Fantasie geht mit mir durch:

Ich sehe mich auf der Klobrille sitzend, Peter brüllt, halt dich fest! Ein Crash! Splitterndes Holz, Krachen und Knirschen! Ich fliege durch die Luft. Es hat uns beide fatal erwischt. Ich bleibe noch eine Weile, sehe mir die Unfallszene an und gebe dann Peter ein Zeichen, dass ich mal eben zu meiner Mutter abschwirre. Ich finde sie im Sessel vor dem Fernseher sitzend. Es kostet mich wegen des Elektrosmogs einige Anstrengung, sie auf mich aufmerksam zu machen. Doch dann gelingt es mir, für den Bruchteil einer Sekunde, mich zu materialisieren. Meine Mutter schreit: Neiiin! Dann kullern Tränen ihre Wangen herunter. Sie sitzt wie paralysiert da.

Das Riesenrad eines Volksfestes bringt mich zu Peter zurück. Übrigens hatte meine alte Dame wirklich mal so ein Erlebnis, als ihre Mutter im Alter von 54 Jahren verstorben war. Sie klebte 20 Minuten wie gelähmt auf einem Stuhl an ihrer Arbeitsstelle. Die Mitarbeiter konnten ihr nicht helfen. Eine ähnliche Erfahrung hatte ich mit dem Geist meiner Schwiegermutter am 11.11.1987 in unserem Appartement mit der spirituellen Nummer 11.

Ich kam gerade vom Fitnessraum in unsere Wohnung zurück und schaute zur Wanduhr. Sie zeigte 10 Minuten nach 11; ich hatte also nicht mal eine halbe Stunde trainiert, weil ich irgendwie unruhig geworden war. Als ich auf dem Weg zum Bad an unserem nagelneuen Queensize-Bett vorbeikam, war ich aus heiterem Himmel an Armen und Beinen gelähmt! Ich hatte das Gefühl, meine Extremitäten seien mit Blei gefüllt und ließ mich aufs Bett fallen. War ich krank? Einer Ahnung folgend, fragte ich zaghaft in die dünne Luft hinein, Lisa, bist du das? Auf der Stelle war der Spuk vorbei, und ich konnte mich normal bewegen. Es war wohl Vorsehung gewesen, dass ich gerade eines der Bücher von Shirley MacLaine gelesen hatte, an dem ich mich auch nicht hätte vorbeischleichen können. Denn es drängte sich an allen Kassen der Supermärkte in mein Blickfeld. Ich sagte meiner vergeistigten Schwiegermutter, dass sie ihren kranken Körper verlassen habe und es ihr nun möglich sei, gedankenschnell zu reisen. Eine Stunde danach rief Peters Bruder an und bestätigte den Heimgang seiner Mutter. Meinen Eltern gegenüber erwähnte ich öfter Lisas schlauen Zug ihres Sterbedatums. Denn, beide Söhne tun sich schwer mit Daten. Doch wer würde den 11.11. vergessen? Offenbar wollte meine Mutter nicht zurückstehen und bekam es hin, am 1.1.11 ihren Körper zu verlassen. Erst später merkte ich, dass auch mein Vater es zumindest zu einer 11 als Quersumme schaffte: 1.10.1998. Alles Zufälle? Wer's nicht glaubt wird selig.

Wasserfallen am Ouzoud Wasserfall

Wir fahren durch Tamelelt, dann an einem Ksar mit uralten Toren vorbei. Rechts geht es nach Demnate und Azil. Zur Linken erstreckt sich ein Gebirgszug mit bizarr aus dem Boden ragenden Felsen. Es folgen große Landgüter, *Domaines* und felsige Gebirgszüge mit einzelnen Bäumen auf dem Grat. Nach dem *Canal Tassaout,* der die Ebene zwischen Beni-Mellal und Marrakesch bewässert, wirkt die Gegend eintönig. Am Abzweig Azilal, Beni-Mellal und Fés beginnt der Mittlere Atlas. Im folgenden landwirtschaftlichen Gebiet gedeihen Oliven, Kartoffeln und Weizen. Während uns immer wieder Kinder, Jugendliche und junge Erwachsene zuwinken, erreichen wir die Passhöhe von 980 m. Marokko ist ein Land voller junger Leute. Ein Teenager führt die Hand zum Mund und macht das Rauchzeichen. Der immer dichter werdende Bewuchs ist saftig grün, mit kleinen Felsarrangements. Zwischendurch Bäume, vereinzelte Bauerngehöfte mit Ölbäumen, rote Erde, Wolfsmilchpolster und dann der rund 500 m tiefe Taleinschnitt des Qued El Abid. Ein Junge auf einem Esel strahlt uns an, der Himmel zeigt ein zartes Violett, ich würde ihn gern malen. Die meisten Camper scheinen die Wasserfälle auszulassen, denn wir haben noch keine gesichtet. In vielen Serpentinen führt die Piste durch den Thujen-, Wacholder-, Pinien- und Eichenwald bergauf und bietet einen einmaligen Ausblick auf die Schlucht und das Ait Attab Flussal.

Wer den Stellplatz in Ouzoud abends anfährt, mag den abschüssigen Weg als Mutprobe ansehen. Die Mutprobe am Morgen bestehe ich nicht mehr. Ein junger Marokkaner führt uns zum Fluss und übergibt uns einem Kollegen. Dieser hat es sich zur Lebensaufgabe gemacht, waghalsige Touristen auf wackeligen nackten Ästen über das wild rauschende Nass zu führen. Ich sage, mit mir nicht, drehe auf dem Absatz um und stürme davon. Nach ein paar Minuten hat Peter mich eingeholt. Er sagt, ich bin mit der Gruppe junger Marokkaner ins Gespräch gekommen. Sie haben gefragt, wieso ich so gut englisch spreche. Hab gesagt, wir haben lange in Amerika gelebt. Das hat ihnen nicht gefallen. Wieso? Ich hab gelacht und gesagt, Amerika ist doch gut. Sie haben geschrien, *no, no, Deutschland gut* und dabei anerkennend die Daumen hochgehalten.

Wir nehmen den Weg am Flüsschen entlang, freuen uns über eine Entenschar und genießen die Ruhe. Nach wenigen Minuten schließt sich uns ein selbst ernannter Führer an. Er will nur ein amerikanisches T-Shirt haben. Das Bedürfnis nach US-Waren geht Hand in Hand mit der Wut über die Ungleichheit. Er sagt, der junge König war mal mit dem Motorrad am Wasserfall. Die Sonne steht schon hoch, zum Fotografieren sind wir spät dran. Wir befinden uns am Rand des kleinen Sees, der vom Wasserfall gespeist wird. Ein Fährmann setzt uns in ein Floß über, wobei er lediglich an einem Seil zieht, das an beiden Enden befestigt ist. So einfach kann freie Energie sein. Mir gelingen doch noch einige passable Fotos. Ein fliegender Händler hat ein schönes Fossil. An Kaufen ist mit Peter im Schlepptau nicht zu denken. Wieder am *Ozoud Camping*

Amalou angelangt, haben wir Gelegenheit, am angrenzendes Feld einen Bauern beim traditionellen Pflügen zu sehen. Die Landschaft und das rauschende Nass begeistern uns. Von den Campern kommen jedoch unterschiedliche Reaktionen: Der Österreicher Elmar machte ein langes Gesicht und zog gelangweilt die Augenbrauen hoch, als ich nach dem Wasserfall fragte. Seine Landsmännin Erika sagte, wunderbar, müsst ihr unbedingt sehen. Wir planen, nächstes Mal, drei Tage zu bleiben. Mir ging es dieses Mal um Fotos für Wasserbuch.

19.3. Wir fahren durch eine zauberhafte Bergwelt mit Olivenhainen, freuen uns über Wiesen mit wilden Blumen, rote Hügel, blaugrüne, schiefergraue und rote Steinformationen. Der märchenhafte Tann, dessen duftende Nadeln einen weichen Teppich bilden, erinnert uns an den Yosemite-Park. Wenngleich die Bäume nicht so hoch sind, wie in den USA. Am Rande des Nadelwaldes zelebrieren wir unseren Brunch. Ein Schäfer führt seine Herde vorbei. Er und sein kleiner Sohn helfen gerade einer Ziege, ihr Junges zu bekommen. Der Bub hält das Zicklein mitsamt der herunterhängenden rot-lila glänzenden Nabelschnur hoch. Am Fischerhaus, direkt vor unserem Camper, sahen wir bereits die Geburt von Zwillingskitzen.

Ich lege die Kassette von *Dire Straight* ein, die wir schon so oft auf unseren langen Fahrten durch den *Wilden Westen* wählten, weil diese Musik die Einsamkeit der nahezu unberührten Natur auf geheimnisvolle Art unterstreicht. Schön, die lachenden Gesichter, ruft Peter, als wir drei Straßenarbeiter und einen jungen Mann auf einem Esel passieren und alle strahlend winken. Wir freuen uns über diese ungescheute Freundlichkeit.

Wir fahren auf einen über und über wie mit Puderzucker bestäubten Berg zu und passieren eine *Großwäscherei*. Rund 20 junge Frauen hocken im Kutschersitz entspannt beieinander und unterhalten sich, während die am Fluss gewaschene und nun über Büschen und Bäumen hängende Wäsche trocknet. Die Transportesel stehen abseits und warten darauf, mit der frischen Fracht beladen zu werden. Peter sitzt sichtlich vergnügt am Lenkrad, deutet auf ein weiteres *Wash-Happening* und auf den örtlichen Schrotthandel. In Azil folgen wir dem Treiben eines großen Souks mit schneebedeckten Bergen im Hintergrund. Ich hätte gern ein paar Fotos geschossen. Doch das Gefühl, unbefugt in eine persönliche Sphäre einzudringen, hält mich ab. Am besten, du schaust dir alles selber einmal an.

Plötzlich fühlen wir uns wie in einem anderen Land: viele Giebelhäuser, die Straßen und Trottoirs sehr sauber. Am See fahren wir scharf rechts zurück, an riesigen Kakteenbüschen vorbei. Dazwischen sandfarbene Felsen in roter Erde. Ca. 300 m nach einer doppelten Piste, die zu einer Landzunge führt, begrüßt uns ein älteres Paar, das einen terrassenartigen Campingplatz mit Blick über den See leitet.

Wir fahren durch ein Militärgebiet und dürfen nicht fotografieren. Zwei Soldaten beobachten uns. Der Campingplatz an der Staumauer ist verlassen. Deshalb fahren wir weiter nach **Beni-Mellal**. Der Hymer windet sich den Pass hoch. Es wird vor Eis gewarnt. Andere Motorisierte sind nicht zu sehen. Am Wegrand stehen Kinder, winken und machen verschiedene Zeichen. Die größeren wollen rauchen. Die kleinen fassen nacheinander an die Füße, ans T-Shirt und tippen auf den Kopf. Das Ganze wirkt wie Schuhplattler. Da immer noch einige Camper wie Karneval-Prinzenpaare Bonbons regnen lassen, ist die Erwartungshaltung einiger Kinder noch vorhanden; aber kaum noch in den Touristenzentren.

Peter entdeckt mal wieder eine Gemeinsamkeit mit Kalifornien: Das Wasser wird auch in Rohrleitungen über den Berg geführt. Am Eingang der quicklebendigen Großstadt duftet es nach Orangenblüten. An der Hauptstraße hängt Wäsche an einer Leine, die zwischen zwei Bäumen gespannt ist. Wir schauen uns die **Kasba Tadla** an. Ihr Minarett ist von einem Storch besetzt. Kurz darauf sehen wir rot: Riesige Klatschmohnfelder vor dem Hintergrund des in der Abendsonne leuchtenden schokobraunen Mittleren Atlas. In **Kenifra** finden wir in einer Wohngegend nahe einer höheren Schule einen ruhigen Schlafplatz.

19.3. On the road again. Wir genießen die herrliche Berglandschaft. Peter sagt, wie im Odenwald, nur weniger Wald, dafür höhere Berge. Ha ha! Immer noch sprudelt das flache Rinnsal durch die saftigen Wiesen. Felsformationen lockern die bizarre Landschaft auf. Alles grünt und blüht. Auf jeder kleinsten Hütte thront eine Satellitenschüssel. Ein Polizeiauto schießt an uns vorbei. Peter sagt, ich bin beruhigt, auch die Bullen überholen bei durchgezogener Linie. Vor **Fès** liegt die mit Bäumen gesäumte Straße inmitten eines grünen Teppichs mit orangefarbenen Blüten. Die weiße Königsstadt macht beim Durchfahren einen desolaten Eindruck. Auf einem kleinen mit alter Mauer umrahmten Berg hängt die Wäsche über Büschen zum Trocknen. Keinerlei Bauaktivitäten sind sichtbar. Peter nervt. Er kämpft mit dem Fahrer eines *Petit Taxis* darum, wer schneller an der Straßenverengung ist. Ich sage, du bist hier Gast, der Mann hat einen Job zu machen! Männer!

Zwei Königsstädte und eine stürmische Überfahrt

Wir passieren eine reizende grüne Landschaft mit rotbraunen Feldern und Olivenhainen. Peter sagt, wie in Salinas. Ich sage, genauso langweilig flach, aber nicht so stark bewirtschaftet, wie in Nordkalifornien. Fröhlich frei laufende Hühner und Esel machen dies zu einem Ort, an dem ich zur Not als Nutztier reinkarnieren könnte. Wie gesagt, viele Musliminnen würden gern mit ihren Eseln tauschen.

Auf der Hälfte der Strecke nach **Meknès** taucht erneut ein Ausläufer des Mittleren Atlas auf. Der Bausand ist safrangelb. Orangenverkäufer bieten am Straßenrand ihre saftige Ware auf morschen Holzkarren an. 10 km vor der Königsstadt zeigt Aladins Wunderlampe ein Mini-Disneyland an. Ein rundes Gebäude ist mit lauter winzigen Kacheln besetzt. Die Gegend um die knapp 600.000 Einwohner zählende Provinzhauptstadt ist sehr gefällig. Das fruchtbare Plateau, auf dem Meknès 550 m über dem Meer liegt, wird landwirtschaftlich intensiv genutzt. Erst etwa auf der Hälfte nach Sidi Kacem passieren wir die Rebstockfelder des berühmten Weins von Meknès. Saftige Kornfelder in diversen Grünschattierungen so weit das Auge reicht. Wie eine Raupe bewegt sich ein rot-gelber Zug über die Gleise, an riesigen Dattelpalmen, Kakteen und Olivenbäumen vorbei. Betörender Jasminduft hüllt die elysische Szenerie ein, die ich gern digital gebannt hätte: kleine, mittelalterliche Brücke über sprudelndem Nass, in dem sich die Sonne bricht. Grüne fleischige, in Moos gebettete Blätter wuchern rings um Felsgestein jedweder Größe. Zwei Berber in blauen Umhängen und Turbanen reiten auf Eseln im Glanz des aufgewirbelten Staubes über die Brücke und vollenden das mystische Stimmungsbild.

50 km vor **Mechra Bel Ksiri** ist die Gegend wieder flach. Eukalyptusbäume säumen die Straße. Wir überholen mehrere Orangenlaster. Ich sauge den Duft der Zwiebelfelder ein. Meine Augen ergötzen sich an schönen Menschen in pastellfarbener Berberkleidung. Auf dem Seitenstreifen verkaufen Buben Gemüse. Ziegen fressen ganz nah der Straße, aber keines der Tiere betritt die Fahrbahn. Selbst die wenige Tage alten Zicklein kennen die Gefahr. 75 km

vor Larache laufen Kühe umher, deren Vorderfüße zusammengebunden sind, damit sie keine allzu großen Sprünge machen können.

70 km vor Larache ist rechts ein Gaswerk, wo wir Flaschen aufgefüllt bekommen.

Zwei Jungen balgen sich, Peter drückt kurz auf die Hupe. Sie winken, danach hauen sie weiter aufeinander ein. Peter hat die Armaturen mit Kassetten und Zigarettenschachteln bepflastert. Ich sage, du kannst die Tankanzeige ja gar nicht sehen. Irgendwann macht es blubb blubb und wir bleiben wieder mal stehen. 40 km vor Larache finden wir endlich eine Tankstelle. Viele Leute haben rote, breitkrempige Hüte auf. In der Mitte verlaufen sie konisch, wie bei den Wasserträgern. Wir überholen einen mit Zuckerrohr vollbepackten Laster.

18 km vor Larache liegt ein riesiger Haufen **Korkeiche** am Straßenrand. Eh, sage ich, das ist genau, was Fred für seine Modelleisenbahn sucht. Peter träumt weiter. Ich sage, so nah kommen wir nie wieder an diesen Dingern vorbei. Warum hast du nicht gehalten?

Im nächsten Dorf kauft Peter Brot und Eier. Alle Kunden schütteln ihm erfreut die Hand. Da hier wenig Camper durchfahren, ist es für sie ein seltenes Vergnügen, einen Fremden zu begrüßen. Eine bunte Schar von Frauen in lichten Gewändern warten auf Busse oder Mitfahrgelegenheiten. Kichernd klopfen sich einige auf die Schenkeln.

Um **Larache** verkaufen Bauern die günstigsten Erdbeeren des Landes. Wir fahren wieder auf den *Aire de Repos,* dem kostenlosen gastlichen Rastplatz der Reederei Comarit. Er wird rund um die Uhr bewacht. Der Parkwächter sagt, wir sollen uns mit unseren Pässen bei der Rezeption melden. Ich frage Peter, war das bei der Herfahrt auch so? Der Manager kümmert sich um mich, während Peter vom Parkwächter eingewiesen wird. Die Leute arbeiten hier in 2 Schichten á 12 Stunden. Da kann es schon mal passieren, dass man etwas überhört oder missversteht. Jedenfalls hätten wir fast auf dem Schiff *Banasa* der Comarit gebucht, weil der Manager Noureddîne Salaheddine dachte, wir wollten statt der Fähre nach Algeciras, die nach Séte in Südfrankreich nehmen und hätten das Vorbuchen vergessen. Ich erwähne meinen Erfahrungsbericht über unsere Reise. Das weckt seinen Diensteifer. Er zeigt mir gleich die ganze Anlage. Für Fotos ist es schon zu dunkel. Ich werde morgen einige Bilder machen. Der adrette Marokkaner spricht fließend deutsch und englisch. Im Sommer arbeitet er als Purser auf besagtem Schiff, im Winter hier als Direktor. Noureddîne präsentiert stolz Fotos, die ihn in mit Tresse besetzter dunkelblauer Uniform und seine hübsche Frau in Berberkleidung zeigen. Für den Abend lädt er uns zu Suppe und Minztee ein. Als wir ins Zelt kommen, sitzt er am Tisch eines reizenden Paares aus Frankreich. Die beiden haben den Winter in Zagora verbracht. Sie spricht passables Englisch und fährt mit ihrem PKW, er mit dem Wohnmobil. Sie verständigen sich mit *Walkie-Talkies*.

Ich frage Noureddîne nach dem **Trinkgeldgeben**, oft eine Gratwanderung zwischen Lob und Beleidigung. Noureddîne sagt, für besondere Dienstleistungen kann man zwischen 5 und 20 Dirham geben, es ist aber kein muss. Ich gebe dem gastfreundlichen Direktor mein Wasserbuch, worauf er mir das *Familienbuch* reicht, damit ich unter heutigem Datum etwas vermerke. Sein *Eau de Cologne* begleitet mich zum Wohnmobil, mitnichten die Marke, die ich meinem Mann empfehlen würde.

20.3. Die Sonne strahlt zum nahen Frühlingsanfang wie frisch geputzt. Ich mache einige Fotos von Anlage und Mitarbeitern. Neben dem Rastplatz gibt es eine Tankstelle mit Reifenservice und Wagenwäsche. Wir lassen für umgerechnet €5 die vorderen Reifen nach hinten setzen. Für 6 gibt es noch eine intensive Wagenwäsche, bei der das Chassis vom Salz befreit wird. Zwischendurch ruft der Muezzin zum Gebet. Ein junger Gläubiger, dessen Vater in Duisburg lebt, verlässt die Arbeit für ein paar Minuten, um zu beten. Es gibt weder Vorbehalte, noch ist der Arbeitsablauf gestört. Es sollte auch die Angelegenheit jedes Einzelnen sein, ob und wie er sich mit Gott verständigt. Ich kann mir Ihn aber nicht als solchen Einfaltspinsel vorstellen, der auf tägliche, formelhafte Lobhudeleien angewiesen ist. *Gott ist groß. Es gibt keinen Gott außer Gott.* Gott weiß selber, wer er ist. Es wird Ihm auch egal sein, ob wir ohne Schuhe oder mit Tiara zu ihm sprechen. Beten wir nicht alle zur selben geistigen Energie, ob wir sie Gott, Allah oder Manitu nennen?

Besinnen wir uns täglich auf die Kraft der Liebe. Schließen wir uns dieser Energie an! Durch sie sind wir mit der Schöpfung verbunden. Handeln wir ihr nicht durch satanische Aktionen zuwider! Sei es durch Verschandeln der Umwelt, Verpesten der Luft oder Qälen und Übervorteilen unserer irdischen Mitbewohner. Erkennen wir, dass wir in der Lage sind, durch die Kraft unserer Gedanken eine bessere Welt zu schaffen!

Bitten wir den Schöpfer allen Seins um ein artgerechtes Leben aller Menschen, Tiere und Pflanzen, in Fülle und Harmonie.

Bitten wir um die Kraft, dass wir uns in Seinem Sinn bewähren können. Bitten wir auch für jene, die in die Sucht geflohen sind, damit sie künftig ohne Drogen, Alkohol, Rauchen und sexuelle Exzesse auskommen und zu einem bestmöglichen Leben zurückkehren.

Wir fahren an dem reizvollen Campingareal direkt am Strand von Asilah vorbei. Doch die andalusisch wirkende weiße Stadt lädt gerade überhaupt nicht zum Anhalten ein. Bei dem mittlerweile aufgezogenen Sturm kommen nur Wellen an, die bestenfalls an Milchkaffee erinnern. Die Überfahrt wird rau werden.

Im Hafen von Tanger geht es hektisch zu. Hilfswillige kämpfen um unsere Papiere. Haben wir einen erfolgreich abgewehrt, rennt der nächste auf uns zu und ruft durchs Fenster: *Tickets, please.* Wir sagen, *no* und fahren weiter. Der nächste kehrt den Offiziellen raus, deutet auf sein Schild und sagt entschlossen: *I need the ticket!* Ich kontere, *no* uniform, no papers. Peter sagt, wir machen das selber. Er fährt los. Er stellt sich mit Einreisepapieren, Pässen und Fahrkarten gleich am ersten Schalter an. Ich sitze im Wagen und warte. 10 Minuten später geht er, die Papiere hochhaltend, an den anderen Schaltern vorbei. Am letzten nimmt ein Uniformierter sie ihm ab. Ich fahre ein paar Meter vor. 5 Minuten später taucht Peter auf und übernimmt das Steuer. Wir werden heute ausnahmsweise nicht mehr kontrolliert. Ein Schnellboot, das kaum Fracht hat, scheint auf uns zu warten. Die Höhe der Fähre ist mit 2,9 angegeben. Peter runzelt die Stirn und sagt dem Bediensteten der Schifffahrtsgesellschaft, unser *Caravan* ist 3 m hoch. Er sagt, probiere es. Es geht ohne Schrammen ab. Der Laderaum ist fast leer. Kaum stehen wir, wird auch schon die Maschine angeworfen. Das Schiff legt im selben Moment los, als wir das Womo verlassen. Drei Meter von uns entfernt das blaugrüne, von der Schiffsschraube aufgewirbelte Wasser, als ob es uns verschlingen wollte. An Bord nehmen wir uns je einen Fensterplatz. Auf den Fernsehbildschirmen ist Hallenhandball zu sehen. Plötzlich hebt sich das Schiff, die Geschwindigkeit nimmt rapide zu. Die Gischt spritzt an die Fenster. Salz bleibt daran kleben. Ich kann kaum noch sehen. Draußen tobt ein schwerer Sturm, nur noch Grieß auf den Mattscheiben.

Auf den Wellen riesige Schaumkronen. Das Schnellboot kämpft sich vorwärts. Meterhoch spritzt die Gischt. *Rapido*, wie der Mitarbeiter der *Trasmediterranea* versprach. In der Tat sind vom Einfahren in den Hafen von Tanger bis zum Verlassen des Hafens von Algeciras nur 2 Stunden vergangen, weil die spanischen Polizisten und Zöllner uns durchwinken.

Schlaflos in La Linea

Wir fahren durch La Linea und sehen, dass sich die Stadt in den letzten drei Monaten zum Vorteil verändert hat: aufwendig gestaltete Verkehrsinseln, Spielplätze, exklusive Laternen. In Spanien blüht und strotzt das Baugewerbe.

21.3.2002 Letzte Nacht war Schlafunruhe angesagt. Die Bässe einer Diskothek verklangen erst gegen 3:00 Uhr morgens. Nach dem Brunch spazieren wir im gegenüberliegenden Park an einem blau getünchten Gebäude mit Freiterrasse vorbei. Ich frage ein Teenie, *está es una Disco*? Sie sagt: *Si*. Geistiger Vermerk:

Nie wieder samstags in La Linea nächtigen.

22.3. Die gestrige Nacht war nicht viel besser. Ein Schwertransporter ließen alle paar Minuten die Kühlaggregate laufen, um ihre Fracht frisch zu halten. Peter fährt schon früh mit dem Motorroller sein Kraut der Verderbnis holen. Meinen Vorschlag, mit dem Camper zu fahren und noch zollfrei zu tanken, verwarf er. Wenig später kommt er und sagt, ich musste zum Zoll. Sie haben meine Passnummer eingetragen. Kurz darauf gehen wir zu Fuß zum zollfreien Einkauf. Die spanische Zöllnerin sagt, auf mich blickend, you okay, und mit einem finsteren Blick auf Peter, you no. Peter fragt, why not? Sie sagt etwas auf Spanisch. Er erwidert, you want Gibraltar back and are not able to speak *Englisch*. Ein Kollege erklärt, sie müssen den Beutel wieder zurückbringen. Ich frage, wie oft kann ich zollfreie

Ware holen? Three times within one month. Der Ladenbesitzer, der mit der Verordnung *3 mal innerhalb eines Monats, aber nicht am selben Tag* vertraut ist, gibt Peter eine Quittung, befestigt einen Zettel mit seinem Namen an die Tüte und stellt sie zu den anderen. Zu dem Zöllner sagt Peter, are you happy now?

23.3. Wir wandern nach Gibraltar, um die Kontrabande auszulösen und noch einen zusätzlichen Karton Sargnägel zu besorgen. Später, als Peter mit dem Motorroller noch einmal die englische Enklave besucht, um bei einem Laden für Bootsausrüstung nach einer Befestigung für unsere Satellitenschüssel zu suchen, landet er wieder beim selben Zöllner. Dieser fragt ihn, ob er etwas zu verzollen habe. Peter verneint wahrheitsgemäß. Der Offizielle schaut diesmal nicht nach und sagt, are you happy now? Da wir uns mal so richtig ausschlafen wollen, fahren wir zur **Playa Torre Nueva bei Santa Margarita**, von der man einen fantastischen Blick auf den Affenfelsen hat (s. S. 18). Nach einem Strandspaziergang schlafen wir absolut ruhig. Nach den Krawallnächten unweit des Grenzübergangs eine wahre Wohltat.

Neuerwerbung fürs Koinzidenzenalbum

Wir verlassen den Ort Richtung Algeciras/Cadiz und nehmen die Abfahrt nach Jerez de la Frontera (110). Eigentlich wollte ich hier aufhören und über die Pyrenäenhalbinsel im nächsten Buch berichten. Doch die *Kleine-Welt-Geschichte* im **Naturpark Doñana** will ich dir nicht vorenthalten. Deshalb geht es noch etwas weiter: Die A 381 war früher eine bezaubernde Nationalstraße. Jetzt ist sie fast durchgängig zur Autobahn ausgebaut, wodurch die Schönheit der Landschaft ziemlich auf der Strecke geblieben ist. Jede Menge grell geschminkter Frauen in gelber Schutzkleidung regeln den Verkehr. Keine Wortspie-

lerei beabsichtigt! Nahe dem zweiten See fahren wir an einer *Camino de Servicio* ab und frühstücken in der Einbuchtung vor einem in Naturstein eingelassenen grünen Eisentor. Ich löffele gerade mein 3-Minuten-Ei, als sich ein gedrungener Spanier in sportlich dunkler Kleidung mit seinen kurzen Beinen über die Mauer quält. Er trägt ein Bündel am Stock über der Schulter wie Hans im Glück. Ich sage, das ist wohl ein Wanderer, der ein Mahl bekommen hat. Wir grüßen, *hola.* Er grüßt zurück und verschwindet auf der Straße in Richtung der für ihren Sherry berühmten Stadt. Peter sagt, vielleicht war er einbrechen und denkt nun, diese blöden Ausländer merken auch gar nichts. Ein paar braune Stiere mit dicken Hörnern laufen die saftig grünen Berghänge hoch und lösen in ihrer Unverfälschtheit bei mir das bekannte Herzflimmern aus, das ich sonst eher bei Babys und Kleintieren spüre.

Wir fahren Richtung Sevilla und Flughafen, vorbei an der Rennstrecke, auf der die Formel-1-Fahrer nur noch üben. Auf der Höhe empfängt uns der bunte Schrott eines Baumaschinen- und Traktorenfriedhofs. Kurz vor Sevilla fahren wir auf die kostenlose Autobahn, die bis Portugal geht. Wir machen einen Abstecher zum hübschen Wallfahrtsort **El Rocio,** an dem Ornithologen ihre Freude haben. Die Vogelvielfalt ist in diesem bezaubernden Naturschutzgebiet einzigartig. Überall nisten geflügelte Warmblüter unter den Dachkannen. Zu Pfingsten reisen die Gläubigen in Kutschen oder hoch zu Ross an.

Am Abend koche ich unseren üblichen Reis(e)eintopf. Siehe Kapitel *Kulinarisches*. Das geht fix, und das Spülen hält sich in Grenzen. Den Reis spüle ich aber sehr gründlich. Von meiner Binnenschiffer-Oma weiß ich, dass so manche Schiffsgesellen ab und zu ganz nonchalant in den Reisberg pinkeln.

Vorm Gekochten gibt's enzymhaltige Papaya

und Avocado, damit die Bauchspeicheldrüse weniger Arbeit hat. Hitze zerstört die Enzyme. Ohne diese Biokatalysatoren können wir weder denken noch atmen oder verdauen. Nehmen wir keine mit Rohkost auf, muss die Bauchspeicheldrüse sie in Sonderschichten herstellen. Macht sie schlapp, wundern wir uns über unseren **Altersdiabetes**.

Der nur zu zwei Dritteln geleerte Topf bildet am nächsten Mittag die Basis für einen Reissalat mit viel Frischkost. Auch die traditionelle Zubereitung von Speisen kann einfach sein. Versuch es ruhig mal! Deine Zellen werden es dir danken.

25.3. An der **Cuesta Maneli im Naturpark Doñana** nächtigen wir auf dem schönen Rastplatz bei frischer Nordbrise. Während wir den Camper reisefertig machen, hören wir ein Geräusch, wie von einem Fesselballon. Oder liegt ein Kriegsschiff draußen? Auf dem mit Holzbrettern angelegten Weg, der kilometerlang über die Dünen zum Strand führt, vertreten wir uns die Beine. Wir sind umringt von duftenden pilzförmigen Nadelbäumen. Soweit das Auge reicht, nur stumme Bäume und das Rauschen des Windes.

Ich fühle mich wie in einem verzauberten Märchenwald, in dem lauter kleine lebende Tempel zur geistigen Sammlung einladen und frage, weißt du, was das für Bäume sind? Sie sehen wie gestutzte Kiefern aus. Peter reagiert nicht, wie so oft, wenn er etwas Gefragtes nicht weiß. Er läuft weiter, während ich zwei Aufnahmen mache und mich wundere, wieso ich so wenig Bäume und Sträucher kenne. Gerade als ich mir in Gedanken meine Ignoranz verzeihe, da man ja nicht alles wissen kann, sehe ich von weitem Peter bei einer jüngeren Frau stehen. Sie scheint die Einzige zu sein, die diese traumhafte Welt mit uns teilt. Als ich ankomme, sagt sie nach der Begrüßung in fränkisch gefärbtem

Bayrisch: Wissen sie, dass diese Schirmpinien erst im 18. Jahrhundert hierher gekommen sind? Hui, sage ich, so schnell hab ich mit der Beantwortung meiner Frage nicht gerechnet. Ich bin Buchhändlerin und Lektorin und erforsche mit meinem Mann die *Welt der Bäume*. Der Titel des gleichnamigen Buchs kommt mir bekannt vor, wie überhaupt die ganze Szene. Die Fachfrau sagt, die Schirmpinien können von Sandverwehungen erstickt werden. Der Wachholder dagegen passt seine Wurzeln an und kann daher überleben. Ich sage, der hat wohl mehr Zeit zur Anpassung gehabt. Die Pinien werden es auch noch schaffen.

Beim Frühstück fällt mir ein, dass dem gerade Erlebten ein Traum vorausgegangen war. Wieder mal ein *Déjà vu*. Auch dämmert mir, dass ich damals gleich nach dem Erwachen im Internet nachschaute und nach einer weiblichen Autorin suchte. Ich fand aber nur das für Naturliebhaber empfehlenswerte Buch *Die Welt der Bäume* von Rudolf Wittmann. Dachte, da ich es im Traum mit einer Frau zu tun hatte, na, war wohl nix. Dabei ist der die Lorbeeren allein genießende Autor ihr Mann. Das alte Lied von den in der Männergesellschaft herabgeminderten Beiträgen der Frauen.

Beklemmende Heimfahrt

Am 7.4. kommen wir bei strahlendem Sonnenschein gegen Mittag bei Kenny in Marbella an. Die Stimmung ist gedämpft. In der vergangenen Nacht ist Susannes jüngerer Bruder Ronny tödlich verunglückt. Sie will heute Abend mit den Kindern nach Deutschland fliegen. Vorher zeigt sie uns einen Videofilm, den ihr Bruder von sich und der Familie kurz vorher drehte. Ahnen wir alle unseren Tod voraus? Wie mein Vater, der Briefe und Dokumente eines jeden Lebensjahres in einem Ordner sammelte. Auf den letzten schrieb er: *Bis Ende Sept. 98.* Am 1. Oktober war er seiner leiblichen Hülle entkommen. Bei Theo, war es ähnlich. Theo und Andrea, die Tochter meiner Cousine Heide, hatten uns zum ersten Mal zusammen mit ihren Kindern besucht. In der darauf folgenden Nacht träumte ich, Theo sei tödlich verunglückt. Ich sagte es Peter, meiner Mutter und Heide. Letztere sagte, komisch, Theo sprach in letzter Zeit öfter davon, dass er nicht alt werde. Auch sagte er, ich hab immer viel Glück gehabt. Aber jetzt hab ich keine Schutzengel mehr. Etwa ein Jahr später kollidierte er mit einem Lastwagen und war sofort tot. Auch meiner Freundin Marita Rohde erschien vor ihrem tödlichen Unfall eine Frau in schwarz in einer schwarzen Limousine.

Seit der letzten Neumondnacht verfolgt mich Reinhards Relativitätstheorie. Ob ein Teil meiner Wahrnehmung auch anders ist, als bei meinen Zeitgenossen? Hin und wieder laufen im Stadium absoluter Entspannung bei geschlossenen Augen *Filme* auf einer kleinen rechteckigen Bildfläche im Bereich meines dritten Auges ab. Ich sehe die Szenen dreidimensional von oben. Meist völlig fremde Inhalte: Revolutionen, irgendwelche miteinander kämpfende Krieger, um ein Feuer tanzende Wilde oder einfach nur Leute unterschiedlicher Couleur, die durch Straßen laufen. Seltener farbige geometrische Figuren.

Letzte Nacht war ich im Traum schwanger. Mein Bauch fühlte sich wie ein mit Wasser gefüllter Ballon an. Ein neues geistiges Kind? Oder Reinhards Theorie, die mir dauernd in den grauen Zellen herumschwirrt? Hat der Wasserbauch etwas mit dem *Wunderwesen Wasser* zu tun? Ist Wasser die fehlende Komponente zu Dauer, Ausdehnung und Spin? Das aus dem Kosmos kommende Nass ist überall, in lebender und *toter* Materie. Sogar in Steinen, die damit auch Informationen enthalten. Die Wasserkristallfotos von Masaru Emoto zeigen uns: Wassergeister wissen alles.

Ein Wesen, das mehr Wasser enthält, hat daher auch mehr intuitives Wissen. Neugeborene bestehen zu über 90% aus H_2O. Bist du nicht auch schon mal von einem Baby angeblickt worden, so als ob es Dich klar durchschaut?

Da wir nachweislich kontaminiertes Wasser durch Gebete, sanfte Worte oder erbauliche Musik reinigen können, wird jede Art von Schwingung unser Körperwasser und damit unser Wesen beeinflussen. Wir haben die Wahl, unsere Suppe mit einem anapästischen Beat zu versalzen oder unseren inneren Saft durch eine Bachsonate bzw. einen Ohrwurm von Elvis oder den Beatles in eine höhere Schwingung zu bringen, die unseren Organismus harmonisiert und balanciert. So macht das Beten vor einer Mahlzeit Sinn. Wenn wir beim Zubereiten von Speisen singen oder positiv denken, bekommen sie uns besser. Als ich die Wasserkistallfotografie noch nicht kannte, fragte ich mich ab und zu: Warum vertrage ich ein gleich zubereitetes Gericht mal sehr gut, während es mir ein andermal schwer im Magen liegt? Am besten kochen und essen wir nichts, wenn uns etwas an die Nieren geht oder unser Blut in Wallung bringt.

Nachwort für noch nicht ganz Überzeugte

Ich befasse mich mit dem Aufdecken und Verbreiten von Wirklichkeiten, meinen und anderen. Wenn du diesen nicht ganz alltäglichen Bericht über unsere Marokkoreisen gelesen hast, magst du mich für etwas exotisch halten, um es milde auszudrücken. Denn, meine Nebenthemen haben mit früheren Leben, anderen Wahrnehmungssphären, mit Koinzidenzen oder prophetischen Träumen zu tun. Doch die *handfesteren Branchen*, in denen ich mich an drei Akademien ausbilden ließ, konnten mich von den kosmischen Gesetzmäßigkeiten nicht abbringen. Ich habe erfahren und weiß, dass es außer der sichtbaren Welt noch andere Welten gibt, unabhängig von Raum und Zeit. Während des Schreibens an *Übersinnlich in L. A.* wurde mir Folgendes bewusst:

Das Leben wird nach vorn gelebt, kann aber nur hinterher verstanden werden.

Wir sind mit Neigungen bzw. Talenten zur Welt gekommen und nutzen diese am besten in entsprechenden Berufen.

Dann bescheren uns diese persönlichen Fähigkeiten ein reiches und glückliches Leben. Öffne also die Schatzkiste deiner Gaben und bringe sie in die Welt! Mir ist das Motivieren meiner Zeitgenossen in die Wiege gelegt worden. Mein Wunsch ist, dass wir alle unserem inneren Heiler, Lehrer und Propheten vertrauen, da unser Planet dann bald ein besserer Platz zum Leben ist. Viele Dinge in diesem Buch mögen dir unvorstellbar oder unglaublich vorkommen, wie anfangs auch mir. Du hast nun das Privileg, alles glauben zu dürfen, aber nichts glauben zu müssen. Vielleicht hast du selber schon die eine oder andere bestätigende Erfahrung machen können. Wenn du willst, kannst du mir darüber berichten, am besten per E-Mail: DrMarianneEMeyer @ gmail.com oder per Post Apto. 320, P-8801 Tavira. Da könnte es mit der Antwort etwas lange dauern, weil wir oft in der Welt unterwegs sind. Vielleicht sehen wir uns ja mal in Marokko oder *en route*. Bis dahin wünsche ich dir auf deinem Weg ins Licht alles Gute, vor allem immer strahlende Gesundheit.

Danksagungen

Jenen, denen ich am meisten Dank schulde, sind schon ins Licht gegangen. Meine Mutter Alwine Holschuh und früher auch mein Vater Ludwig hatten sich immer liebevoll um unsere Katzen gekümmert, damit wir sorgenfrei reisen konnten.

Dank allen Marokko-Reisenden, die mir ihre Erfahrungen mit Land und Leuten bekundeten. Es waren so viele, dass ich nicht alle Nachnamen behalten habe. Ich danke jenen, die im Buch vorkommen und nicht noch mal hier erwähnt sind. Folgenden Personen gilt mein Dank für Rat, Tat, Literatur oder Fotos: Uschi & Jürgen Lenz, Rita Staschel, Hans Grombach, Karl & Loni Brugger, Gerti & Willi Wittner, Hedi & Rudi Müller, Gabi & Reinhard Lüth, Rineke Hofman, Helga Evenhuiss, Ingrid Herrmann, Majid Motaib, Renate Daun-Motaib, Elmar Wabnegger, Monika & Gerhard Zinn, Susanne Würtz und Edith Kohlbach.

Wahl der Stellplätze ~ Camper-Eigenheiten

Auf unseren bisherigen Reisen in die sonnigen Gefilde stellten wir fest, dass viele in einschlägigen Ratgebern angepriesene freie Stellplätze sich in Baustellen, Hotels oder mit niedrigen Schranken versehene Parkplätze verwandelt haben. Deshalb raten wir allen frisch gebackenen ortsfremden Mobilisten, die Augen immer offen zu halten. Oftmals verbergen sich die im Sonnen- oder Mondlicht glänzenden weißen Wägen hinter Klippen, Kaimauern, Koniferenbüschen oder Pinienwäldern.

In der Regel tauscht sich das fahrende Volk gern untereinander aus, zumal einige Camper keine Fernseher an Bord haben und die Konversation eine willkommene Abwechslung darstellt. So ist es ratsam für Neulinge, die Ohren weit aufzusperren, wenn sie sich zu einer Gruppe Weltenbummler hinzugesellen. Gute Stellplätze, Entsorgungs- und Einkaufsmöglichkeiten sowie Wasserstellen auf der Strecke sollten stets erfragt werden. Jeder Ort hat an einem bestimmten Wochentag Markt. Die **Markttage** findest du in deutschsprachigen Zeitschriften an Kiosken in Spanien bzw. in

Marokko-Führern. Über Kultstätten *en route* können interessierte auch Camper-Kollegen oder die Büros der Touristeninformation anhand von Broschüren Auskunft geben.

Alle *Zugvögel auf Rädern* bevorzugen je nach individuellen Bedürfnissen unterschiedliche Stellplätze. Einige suchen nach geeigneten Orten, wo ihre Hunde frei laufen können, andere wollen Leben um sich haben und bevorzugen die Stadtnähe. Inline-Scater, wie Erhard und Gerhard, halten sich wie wir gern eine Zeit lang da auf, wo man gut rollt. Letzteren Chemnitzer trafen wir mal in Puerto Mazzaron am südlichen Ortsausgang. Er brachte uns einige seiner neuesten Fertigkeiten bei: Überkreuz, Slalom rückwärts und während der Fahrt hochspringen und in entgegengesetzter Richtung weiterfahren. Als wir an einem drahtigen Franzosen mit polierter Glatze vorbei skateten, fragte er Peter in ganz passablem Deutsch: Wie lange hast du gebraucht, um einigermaßen laufen zu können? Peter sagte, das ging eigentlich ganz schnell, weil ich früher Schlittschuh lief. Ich mach das erst seit zwei Wochen. Der frühere Handballnationalspieler sagte, ich bin zwar schon 74, aber wenn du mich das nächste Mal siehst, habe ich auch solche Dinger.

Kein Wunder, dass Camper länger leben. Sie trauen sich mehr zu und tun, was ihnen Spaß macht. Gerhard, dem man sein Rentenalter nicht ansieht, war früher Tennislehrer. Er und Rudi, Ex-Manager bei Siemens, bevorzugen mitunter große Freiflächen mit fester Erde, wo sie mal ein Match miteinander riskieren können. Seit ich meinen Schläger mitführe, treffen wir Gerhard nicht mehr. Ich wollte, dass er mir ein paar Aufschlag-Tipps gibt., Einer meiner Lieblingsplätze war die *Playa de Percheles* in Cañada de Gallego an der Küste südlich von Cartagena, besser bekannt als *Schlangen- oder Hymerbucht*. Mittlerweile wurde den Campern ein 2,10 m hoher Riegel vor

die begehrte Freizeitkolonie geschoben. Doch in der Nähe bieten sich weitere Stellplätze an.

Die *alte Platte*, auf der viele Camper frei standen, da es kaum Campingplätze gab, wurde 2005 geräumt. Die *neue Platte* befindet sich auf dem Gelände des ehemaligen Campingplatzes bei Taghazout. Dieser wurde 2008 geschlossen, da neue, von Besitzern betriebene Campingplätze geschaffen wurden. Einige Marokkaner sollen den Platz reaktiviert haben. Da die Infos im Netz wiedersprüchlich sind, wollen wir uns vor Ort informieren. 2015 erfahrt ihr alles darüber in meinem Folgebuch.

Tipps

Im **Reisehandbuch von Edith Kohlbach** sowie in ihrem **Campingführer** finden durch Marokko reisende Individualtouristen rasch alle wichtigen Routen und Plätze. Sie werden alle 3-4 Jahre neu aufgelegt.

Außer Butter und Eier, sind tierische Produkte, wie **Fleisch, Wurst und Käse** in Marokko teurer als bei uns. Falls du an Gelenkschmerzen leidest, lass sie lieber zu Hause.

Wer auf **alkoholische Getränke**, wie Bier, Wein und Spirituosen nicht verzichten will, sollte sich zu Hause bzw. auf der Strecke in Frankreich oder Spanien damit eindecken, denn sie sind in Marokko teurer.

Quellwasser in Flaschen ist in Spanien viel günstiger als in Marokko. Einige Camper kaufen 5-Liter-Flaschen Wasser in Spanien und füllen später günstiges marokkanisches Dieselöl ein. Doch mehr als 20 l gilt als Schmuggeln!

Zweitaktöl, Benzin und Diesel ist in Marokko viel preiswerter als in Europa.

Solarbatterien kaufen wir günstiger in Marokko (Metro).

Unsere **Reiseapotheke** enthält neben Pflaster und Verbandszeug *Colloidales Silber* (Micropur flüssig) gegen Infektionen, Übelkeit, Insektenstiche und zur Desinfektion. Wir können uns Silberionen selber herstellen mit 2 Stäben aus 99,99% Silber, positiv- und negativem Kabel und einer 9Volt-Baterie.

Obligatorisch sind **japanisches Heilöl, Kohletabletten** gegen Durchfall, jede Menge **Spirulina** bester Qualität. **Wund-** und **Brandsalbe** sowie **Cavit** zur Zahnfüllung runden den Schutz ab. Bei Darmproblemen (Durchfall/ Verstopfung) hilft **Flohsamenschalenpulver**, bei Seekrankheit **Ingwer**; beides bietet *spiraverde.de* in bester Qualität. Prima gegen Alters- und Pigmentflecken wirkt die intensive Pflegecreme von *Sanatur* mit UVA- und UVB-Lichtschutzfilter. Bei Blasen- und Anti-Aging-Problemen helfen Cranberries oder *Blasen-Kraft*, OPC Plus, Green Kamut, Vitamin E und weitere Überlebensmittel von drhittich.com

Adressen

Marianne E. Meyer, Apto. 320, P-8801 Tavira drmarianneemeyer @ gmail.com

Staatlich Marokkanisches **Fremdenverkehrsamt** Graf-Adolf-Str. 59, 40210 Düsseldorf Tel. 0211/ 37 05 51 - Fax 0211/ 37 40 48

Botschaft - Ambassade de la République fédérale d'Allemagne 7, Rue Zankat Madnine, Rabat Tel. 00212/3/ 770 96 62 - Fax 00212/3/7 706851

Honorarkonsul

Consul Honoraire de la République féderale d'Allemagne 19, Rue Moussa Ibn Noussair, Agadir Tel. 00212/4/ 484 10 25 - Fax 00212/4/484 0926

Botschaft

Niederwallstr. 39, 10117 Berlin Tel. 030/ 2 06 12 40 - Fax 030/ 20 61 24 20

Generalkonsulate

Cecilienallee 14, 40474 Düsseldorf Tel. 0211/ 45 10 41 - Fax 0211/ 43 98 29

Adickesallee 65, 60322 Frankfurt a. M. Tel. 069/ 55 98 87 - Fax 069/ 5 97 55 35

Notruf-Tel. in Marokko **Polizei:** Tel. 19 **Ambulanz:** Tel. 15 **Unfall** außerhalb von Ortschaften Tel. 177

Literatur

Brunswick, Muriel. Kulturschock Marokko. Sept. 2002, ISBN: 3831711143

Därr, Erika und Astrid. Reise Know-How. Marokko vom Rif zum Anti-Atlas. 10. komplett aktualisierte Aufl., Bielefeld 2004

Kohlbach, Edith. Mobil reisen: Marokko, Stuttgart, 3. Auflage 2002. Bei Bestellung direkt über die Autorin (www.edith-kohlbach.de) kostenlose, laufend aktualisierte CD mit Fotoshow & komplettes Camping- und Stellplatzverzeichnis von Marokko.
Campingführer Marokko-Mauretanien 2013/14 Reisehandbuch Marokko: Marokko zum selbster"fahren" - Routen, GPS-Waypoints, Städte, Hotels, Camping, Insider-Tipps, 2007

Meyer, Marianne, Spirulina, Überlebensnahrung für ein neues Zeitalter. Erstaunliche Heilerfolge mit der blaugrünen Alge. Köstliche Rezepte mit der segensreichen Urkost,2014

Halima Neumann, Grüne Lebenselixiere, 1999

Simonsohn, Barbara. Stevia, sündhaft süß und urgesund. Aitrang 2005

Raststätte *Aire de repos in Larache*

Kulinarisches

Auberginenpüree

1 - 2 Auberginen	würfeln, im Dämpfeinsatz über kochendem Wasser 30 Minuten garen oder in der Pfanne braten
2 Knoblauchzehen	auspressen
½ TL Cumin	und
etwas Salz u. Chili	zufügen alles zermatschen, abkühlen lassen
5 – 6 EL Olivenöl	und
4 EL Tahin	und
½ Becher Joghurt	unterrühren, ziehen lassen

Couscous mit Kichererbsen und Harissa

1 Ts. Kichererbsen	waschen, 12-14 Std. mit ½ TL Salz einweichen, mit Wasser bedeckt 30 Min. schonend garen
1 Tasse Couscous	mit 2 Tassen kochender Gemüsebrühe übergießen, 5 Minuten ziehen lassen, bis die Flüssigkeit ganz aufgesogen ist
1 kl. Stück Butter	unterrühren und 10 Min. stehen lassen; 5 Min. bei schwacher Hitze dämpfen
3 Frühlingszwiebeln	in feine Ringe schneiden
10 Cocktailtomaten	halbieren
Je ½ Bund Minze	und
Korianderkraut	hacken; alle Zutaten unter den Couscous mengen

Dressing

½ Tasse Olivenöl,	
2 EL Zitronensaft	und
1 Knoblauchzehe	drücken und alles mit dem Couscous mischen

2 TL **Harissa** (gefertigt aus: 3 Knoblauchzehen, 1 TL Salz, 1/4 TL Pfeffer, ½ TL rote Chilis, 1 TL Cumin, ½Bund Korianderkraut; so viel Olivenöl zugeben, dass eine dicke Paste entsteht; den Rest im Kühlschrank aufbewahren.

Kichererbsencreme (Hummus)

2Ts. Kichererbsen (gekocht)	waschen, mit Mörser zerstampfen oder pürieren
3 - 4 Knoblauchzehen	durch Knoblauchpresse drücken
3 - 4 EL Tahini (Sesampaste), je 2 EL Zitrone u. Sesamöl	(oder Olivenöl) und
½ Becher Joghurt	unterrühren, salzen, mit schw. Oliven,

Korianderkraut oder Petersilie garnieren, dazu Fladenbrot, mit Peffer und Salz abschmecken

Kürbissuppe mit Harissa

1 kg Kürbis	schälen, Kerne/Fasern entfernen, würfeln, in
1/3 l Hühnerbrühe	und
1 kl. Becher Sahne	im Topf ohne Deckel 15 Minuten köcheln, pürieren, etwas frisch geriebene Muskatnuss,
Süßholzpulver u. Pfeffer	zufügen
2 TL Harissa zufügen	(Zubereitung siehe li.) mit Fladenbrot servieren

Reisgericht mit Linsen

2 Tassen brauner Reis	(wahlweise parboiled) waschen, in 4 Tassen Wasser auf kleinster Flamme garen
1 Tasse braune Linsen	waschen, in 3 Wasser garen, abtropfen lassen
2 große rote Zwiebeln	in dünne Scheiben schneiden und mit
2 Knoblauchzehen	(zerdrückt) in
6 EL Olivenöl	und
etwas Butter und Salz	bei schwacher Hitze 30 Min. garen
½ TL gemahlener Zimt	
½ TL Paprika (süß)	und
½ TL Cumin	einrühren, alles noch einmal wenige Min.

garen und mit dem abgetropften Reis und den

Linsen mischen. 1 Frühlingszwiebel und ½ Bund Korianderkraut waschen, hacken, unterrühren, pfeffern. Mit frischem Koriander bestreuen und mit Reis oder Fladenbrote servieren.

Schneller Reis(e)topf

1½ Tassen Reis	in 3 - 4 Tassen Wasser zusammen mit
1 große Zwiebel	
½ roten Chilischote	
1 großen Aubergine	
2 roten Paprikaschoten	gewürfelt und mit
2 - 3 kleinen Zuchinis	in Scheiben geschnitten und
je ½ TL Cumin u. Kurkuma	oder
Kräuter der Provence	schonend garen
2 Tassen Kichererbsen	(in Südeuropa gibt es sie fertig gekocht) und
1 Dose Tomaten	untermengen

Mit Gemüsebrühwürfel, Meer- oder Steinsalz und ganz zum Schluss ¼ Tasse Olivenöl extra virgin abschmecken.

Spaghetti Gourmet

3-4 Knoblauchzehen,	
4-6 Tomaten,	
1 rote Peperoni,	
12 schwarze Oliven,	
5-6 Champignons	und
500 g Sepia- oder Calamaristücke	nacheinander andünsten
2 Cl Whiskey,	
1 Becher Sahne,	
2 Essl.Kräuterkäse,	
Salz und Pfeffer	dazugeben und aufkochen; mit Whiskey abschmecken

Sesam-Kürbiskuchen

100 g Sesam	in Kaffeemühle mahlen
250 g Hokkaido-Kürbis	fein raspeln, mit
100 g Butter,	
Stevia oder Xylit	nach Geschmack und
1TL Vanille oder Zimt	in einem Topf auf kleiner Flamme zerlassen, umrühren, kalt stellen
4 Eigelb von Bioeiern,	
½ TL Stevia oder Xylit	zum Süßen
2 – 3 TL Spirulina	im Mixer 3 Minuten lang pürieren, mit
1 Pr Meer- oder Steinsalz und	
etwas ger. Biozitrone	verfeinern
Sesam-Kürbismasse	zufügen
4 Eiweiß	steif schlagen und unter die Masse heben

Springform mit Butter gut einfetten, Teig einfüllen, im vorgeheizten Backofen zwei Stunden bei 90 Grad backen.

Wollen wir alle Vitalstoffe und Biokatalysatoren der Alge erhalten, können wir das grüne Mehl statt dem Teig zuzugeben in einer Füllung verwenden; z. B. eine Tasse Erdmandelflocken mit Spirulinamehl, Stevia, ger. Biozitrone und Kokossahne zu einer Creme verarbeiten. Den Kuchen halbieren und die Creme gleichmäßig verteilen. Oder die Creme als Belag nehmen.

Cremiger Gemüsedrink

½ Salatgurke,	
½ rote Paprika	und
1 - 2 Stangen Sellerie	reinigen, in Stücke schneiden und mit
1 - 2 Tassen Wasser	sowie
½ Avocado	und
1 - 2 TL Spirulina	im Mixer verflüss., mit
½ TL Meersalz,	
½ TL scharfem Paprika und	
½ TL Ingwer	würzen

Wenn es schnell gehen soll kann ein Teelöffel Spirulina und etwas Gemüsepulver oder Kräutersalz mit 2 bis 3 Esslöffeln Reismilch in einem Becher verrührt werden; mit warmem Wasser auffüllen. Dieses alkalisierende Getränk wärmt den Körper und erheitert das Gemüt.

Die letzten beiden Rezepte sind meinem Buch *Spirulina, Überlebensnahrung für ein neues Zeitalter* entnommen.

Mit dem rund 80.000 mal verkauften Buch *Spirulina, das Blaugrüne Wunder* hat Dr. Meyer 1998 die segensreiche blaugrüne Mikroalge bzw. Cyanobakterie *Spirulina platensis* im deutschsprachigen Raum und in Russland bekannt gemacht. Durch die fortlaufende Untersuchung, über deren Ergebnisse auch das neue Buch informiert, haben seither viele begeisterte Anwender über ihre gesundheitlichen Erfolge berichtet: besonders in Bezug auf ihre Probleme mit Immunabwehr, Verdauung, Gemütsverfassung, Gedächtnis, Haut, Haare, Schlaf, Energie, Leber, Kreislauf, Allergie, Arthritis, Blutwerte, Cholesterin, Schmerzen, Blutdruck, Augen und Diabetes. Studien rund um den Globus deuten darauf hin, dass Spirulina eine ideale Heilkost bei Krebs und AIDS sowie allen anderen Seuchen unserer *Zivilisation* ist.

Das Buch weckt Vertrauen in unseren inneren Heiler und zeigt, wie wir mit einem durch Spirulina gestärkten Immunsystem überleben können. Der Rezeptteil informiert darüber, wie wir das grüne Mehl der Urkost in der Küche verwenden können.

ISBN 978-3893852307 7.Aufl. 174 S. € 9,90

Das fesselnde Buch besticht durch seine klare Aussage über das Mysterium der Wandelbarkeit und Speicherfähigkeit des Wassers. Auch Inge Schneider, Chefin des Jupiter Verlags, fand in ihrer Buchbesprechung im NET-Journal die Erkenntnis der Autorin, dass das Wasser „Schnittstelle zwischen physischer und metaphysischer Realität" ist, als besonders ansprechend.

Der Leser findet verstörende Fakten über die Qualität handelsüblicher Wässer. Wer glaubt, sein Leitungswasser sei sauber, wird zum Nachdenken angeregt. M. Meyer rät zu adäquater Wasseraktivierung. Denn, wer belebtes, sauerstoffreiches und basisches Nass aus der Leitung erst mal schmecken darf, will kein Sprudelwasser mehr aus Plastikflaschen trinken. Reines Wasser ist nach Ansicht der Autorin für alle Gesundheitsprobleme, vor allem wenn sie das Gehirn betreffen, die optimale Lösung. Letztlich stellt Dr. Meyer Freie-Energie-Forscher und deren Technologien vor und ruft auf, im Buch angegebene Petitionen zu unterzeichnen, damit Raumenergiestrom in alle Haushalte kommen kann.

ISBN 978-3735785145 104 S. € 9,90